Hochschule für Polizei und öffentliche Verwaltung NRW

Abteilung Köln

Fachbereich Allgemeine Verwaltung – VBWL

Erstgutachter: Herr Christoph Küppers

Zweitgutachter: Herr Andor Schmitz

Bachelorarbeit

Direkte Demokratie in Deutschland

Lösungsansätze zur Krise der repräsentativen

Demokratie

vorgelegt von: Leonard Emonds-pool

Abgabedatum: 14.06.2020

Inhaltsverzeichnis

Abbildungsverzeichnis

Abkürzungsverzeichnis

Art.	-	Artikel
ca.	-	circa
f.	-	folgend
GG	-	Deutsches Grundgesetz
ggü.	-	gegenüber
Hrsg.	-	Herausgeber
o. J.	-	ohne Jahr
S.	-	Seite
sog.	-	sogenannt
z. B.	-	zum Beispiel

1 Einleitung

„Erfolgsmodell Demokratie: Eine Staatsform in der Krise"[1] oder „Krise der Demokratie: An den Grenzen des Systems"[2] sind nur zwei Artikel, die sich mit der Demokratie und ihrer angeblichen Krise beschäftigen. In den letzten Jahren setzte sich aber nicht nur der Online-Journalismus, sondern auch die wissenschaftliche Literatur mit der Frage auseinander, ob sich die Demokratie in einer Krise befinde. Zurückgehende Wahlbeteiligung, schwindendes Vertrauen der Bevölkerung in politische Institutionen oder sinkende Mitgliederzahlen der Parteien werden dabei als Symptome der Demokratiekrise verstanden. Um diesen Symptomen entgegenzuwirken, wird häufig vorgeschlagen, die Demokratie partizipativer zu gestalten, indem direktdemokratische Elemente eingeführt werden. Es wird für die Einführung von Volksabstimmungen auf Bundesebene oder die Senkung der Hürden, die auf Kommunal- und Landesebene für Volksabstimmungen bestehen, plädiert. Diese Maßnahmen sollen dafür sorgen, dass die Bürgerinnen und Bürger wieder Vertrauen in die politischen Prozesse gewinnen, indem sie an diesen unmittelbar beteiligt werden. Als Beweis für das Funktionieren dieser Maßnahmen wird gerne die Schweiz genannt. Aber auch andere Lösungsmöglichkeiten wie die Einführung eines sog. Bürgerparlaments werden gerne als Problemlöser genannt.

In dieser Arbeit wird die vermeintliche Krise der Demokratie in der Bundesrepublik Deutschland im Mittelpunkt stehen. Dabei sollen die Symptome dieser Krise untersucht werden und es sollen ihre Ursachen erforscht werden. Des Weiteren werden die Unterschiede zwischen der direkten und der repräsentativen Demokratie erläutert werden. Darauf aufbauend wird untersucht werden, aus welchen Gründen die Bundesrepublik Deutschland eine überwiegend repräsentative Demokratie geworden ist und welche Rolle di-

---

[1] Deutschlandradio (2018). Erfolgsmodell Demokratie: Eine Staatsform in der Krise. Köln: Deutschlandradio. URL: https://www.deutschlandfunk.de/erfolgsmodell-demokratie-eine-staatsform-in-der-krise.1148.de.html?dram:article_id=436189 (aufgerufen am 09.06.2020).
[2] Tagesspiegel Online (2019). Krise der Demokratie: An den Grenzen des Systems. Berlin: Verlag Der Tagesspiegel GmbH. URL: https://www.tagesspiegel.de/politik/krise-der-demokratie-an-den-grenzen-des-systems/23813360.html (aufgerufen am 09.06.2020).

rekte Demokratie in der Weimarer Republik und dem Dritten Reich eingenommen hat. Daraufhin wird aufgezeigt, welche direktdemokratischen Elemente auf Kommunal-, Landes- und Bundesebene in der Bundesrepublik derzeitig existieren und wie diese genutzt werden. Weiterhin soll aufgezeigt werden, welche Ansätze direkter Demokratie existieren und wie sich diese verändert haben bzw. entstanden sind. Zusätzlich dazu werden praktische Beispiele direkter Demokratie vorgestellt. Dabei werden nicht nur Länder, in denen direktdemokratische Elemente im politischen Alltag fest verankert sind, beleuchtet, sondern auch Länder, die sich zu den repräsentativen Demokratien zählen lassen, jedoch direktdemokratische Vorstöße unternehmen, indem sie z. B. ein Bürgerparlament einführen.

Am Schluss sollen zwei Lösungsansätze für die Bundesrepublik Deutschland aufgezeigt werden. Ein Lösungsansatz wird sich mit der Einführung von direktdemokratischen Instrumenten auf Bundesebene auseinandersetzen. Dabei wird untersucht, wie diese Instrumente aussehen könnten und welche Probleme diese lösen könnten. Danach soll kurz bewertet werden, ob die Umsetzung des Ansatzes in der Bundesrepublik sinnvoll wäre. Der andere Lösungsansatz wird sich mit der Einführung eines ausgelosten Bürgerparlaments befassen. Auch hier soll bewertet werden, welche Probleme dadurch gelöst werden könnten und ob die Durchführung zielführend wäre.

2 Die direkte und die repräsentative Demokratie

Im dem folgenden Abschnitt werden die direkte Demokratie und die repräsentative Demokratie vorgestellt. Dabei wird erläutert, welche Instrumente in den beiden Demokratieformen zum Einsatz kommen und worin sich diese Instrumente unterscheiden. Zusätzlich dazu wird die Entstehung der direkten und der repräsentativen Demokratie kurz erläutert.

2.1 Direkte Demokratie

In direktdemokratischen Systemen können Bürgerinnen und Bürger nicht nur durch Wahlen Einfluss auf die Politik nehmen, sondern durch Abstimmungen unmittelbar auf eine bestimmte Entscheidung einwirken.[3] Wahlen und Abstimmungen verfolgen unterschiedliche Zwecke. In Wahlen werden Volksvertreterinnen und Volksvertreter, die ein politisches Amt für eine bestimme Zeit besetzen, bestimmt.[4] Durch Abstimmungen werden Sachfragen vonseiten der Bevölkerung entschieden.[5] In Wahlen delegieren die Wahlberechtigten politische Macht, während sie in Abstimmungen selbstständig politische Macht ausüben.[6] Ein weiterer Unterschied liegt in der Regelmäßigkeit der beiden Instrumente.[7] Wahlen finden meist in regelmäßigen Zyklen statt, während Abstimmungen meist „keine zeitlichen Regelmäßigkeiten"[8] aufweisen.[9]

Die bekanntesten direktdemokratischen Instrumente sind das Referendum und die Volksinitiative.[10] Repräsentative Instanzen, wie Politikerinnen und Politiker oder Parteien, werden umgangen oder existieren in rein direktde-

---

[3] Vgl. Bernauer, T./Jahn, D./Kuhn, P./Walter, S. (2018). Einführung in die Politikwissenschaft. Studienkurs Politikwissenschaft. 4. Auflage. Baden-Baden: Nomos Verlagsgesellschaft, S. 217. (künftig zitiert Bernauer et al. 2018).
[4] Vgl. Bernauer et al. (2018). S. 223.
[5] Vgl. Bernauer et al. (2018). S. 223.
[6] Vgl. Bernauer et al. (2018). S. 223.
[7] Vgl. Bernauer et al. (2018). S. 223.
[8] Bernauer et al. (2018). S. 223.
[9] Vgl. Bernauer et al. (2018). S. 223.
[10] Vgl. Bernauer et al. (2018). S. 217.

mokratischen Systemen meist gar nicht.[11] Des Weiteren werden in reinen direkten Demokratien vom Volk alle Gesetze beschlossen, Richterämter besetzt und sogar Verwaltungsmaßnahmen getroffen.[12]

Die bekannteste reine direkte Demokratie war die attische Demokratie in Griechenland im 5. Jahrhundert vor Christus.[13] Jedem männlichen Vollathener wurde ein politisches Rede- und Stimmrecht bei der Vollversammlung, die Ekklesia genannt wurde, eingeräumt.[14] Heutzutage besitzt kein Staat eine reine direkte Demokratie basierend auf dem athenischen Vorbild, was vermutlich in der Schwierigkeit, eine Versammlung mit mehreren Millionen Menschen durchzuführen, begründet ist.[15]

Direktdemokratische Instrumente lassen sich in verschiedene Formen kategorisieren. Zu unterscheiden ist hierbei zwischen verfassten und nicht verfassten Instrumenten direkter Demokratie, sowie zwischen den verschiedenen politischen Ebenen, auf denen die direktdemokratischen Instrumente zum Einsatz kommen. „Verfasst ist direkte Demokratie an der Politik, wenn sie auf verbindliche Art institutionell verankert ist. Dies ist bei Einbindung in das Grundgesetz, in eine Landesverfassung oder in eine Gemeindeordnung der Fall."[16] Ein Beispiel für verfasste direkte Demokratie ist das Bürgerbegehren bzw. der Bürgerbescheid auf Kommunalebene, welcher in § 26 der Gemeindeordnung Nordrhein-Westfalens festgeschrieben ist. Die Gründung einer Bürgerinitiative oder die Beteiligung an einer Bürgerinitiative ist ein Beispiel für eine nicht verfasste Art von direkter Demokratie.[17]

Die Instrumente der direkten Demokratie haben eine Kontroll- und Legitimationsfunktion.[18] „Die Kontrollfunktion direktdemokratischer Systeme stellt sicher, dass von den politischen Repräsentanten getroffene Entschei-

---

[11] Vgl. Kost, A, (2013). Direkte Demokratie. Lehrbuch. In Erhart, H.-G./Frevel, B./Schubert, K./Schüttemeyer, S. (Hrsg.) (2013). Elemente der Politik. 2. Auflage. Wiesbaden: Springer VS. zitiert: S. 24. (künftig zitiert: Kost, A. 2013).
[12] Vgl. Bernauer et al. (2018). S. 217.
[13] Vgl. Kost, A. (2013). S. 16.
[14] Vgl. Kost, A. (2013). S. 16.
[15] Vgl. Bernauer et al. (2018). S. 217.
[16] Vgl. Kost, A. (2013). S. 24.
[17] Vgl. Kost, A. (2013). S. 25.
[18] Vgl. Bernauer et al. (2019). S. 222.

dungen nicht zu stark vom Willen einer Mehrheit der Stimmberechtigten abweichen."[19] Dabei besteht vor oder nach einer Entscheidung die Möglichkeit das Volk zu befragen.[20] Wenn auch die Opposition oder eine relativ kleine Gruppe von Stimmberechtigten in der Lage ist, eine solche Befragung auszulösen, wird die Kontrollfunktion erfüllt.[21]

„Die Legitimationsfunktion der direkten Demokratie besteht darin, die gesellschaftliche Akzeptanz einer politischen Entscheidung zu erhöhen"[22], indem das Volk die Möglichkeit bekommt, über politische Entscheidungen abzustimmen. Hier erhöht sich die Legitimität, wenn das Referendum „nicht bloß von Regierungsvertreten"[23], sondern auch von der Opposition oder den Stimmberechtigten initiiert werden kann.

Des Weiteren lassen sich verschiedene Varianten von direktdemokratischen Abstimmungen unterscheiden. Die obligatorischen Referenden sind Abstimmungen, die in der Verfassung vorgesehen sind und in bestimmten Situationen ausgelöst werden.[24] Bei Änderungen der Verfassung, beim Zusammenschluss zweier Staaten oder bei Eintritt in eine supranationale Organisation kommen diese überwiegend zur Anwendung.[25]

Die einfachen Referenden gehören auch zu den Abstimmungen.[26] Jedoch werden diese anders als die obligatorischen Referenden vom Parlament oder der Regierung initiiert.[27] Als Beispiel aus der Bundesrepublik Deutschland dient die Volksabstimmung über den Bahnhofsneubau „Stuttgart 21" in Baden-Württemberg.[28]

---

[19] Bernauer et al. (2018). S. 222.
[20] Vgl. Bernauer et al. (2018). S. 222
[21] Vgl. Bernauer et al. (2018). S. 222.
[22] Bernauer et al. (2018). S. 223.
[23] Bernauer et al. (2018). S. 223.
[24] Vgl. Decker, F./Lewandowsky, M./Solar, M. (Hrsg.) (2013). Demokratie ohne Wähler? Neue Herausforderungen der politischen Partizipation. Bonn: Dietz, S. 55 (künftig zitiert: Decker et al. 2013).
[25] Vgl. Decker et al. (2013). S. 55.
[26] Vgl. Decker et al. (2013). S. 55
[27] Vgl. Decker et al. (2013). S. 55.
[28] Vgl. Decker et al. (2013). S. 55.

Die fakultativen Referenden lassen sich auch zu den Abstimmungen zählen.[29] Bei diesen bekommt das Volk die Möglichkeit, über ein zuvor vom
Parlament abgelehntes Gesetz abzustimmen.[30] In den genannten Abstimmungsformen beschränkt sich der Einfluss der Bevölkerung lediglich auf
das Teilnehmen an der Abstimmung.[31]

Anders ist dies bei den sogenannten Initiativen. Diese können von den Bürgerinnen und Bürgern selbst ausgelöst werden, indem diese zum Beispiel
eine bestimmte Anzahl an Unterschriften sammeln.[32] Da hier die Initiative
von den Bürgerinnen und Bürgern ausgeht, werden diese auch als Volksinitiativen bezeichnet. Innerhalb der Initiativen kann zwischen den Vetoinitiativen und den Gesetzesinitiativen unterschieden werden. Mit den Vetoinitiativen können „Gesetze, die vom Parlament verabschiedet wurden, durch die
Sammlung einer festgelegten Unterschriftenanzahl noch einmal einer Abstimmung unterworfen werden."[33]

Gesetzesinitiativen hingegen versuchen kein Gesetz zu verhindern, sondern
ein Gesetz einzuführen.[34] Bei diesen wird der Politik meist ein eigener Gesetzvorschlag vorgelegt, nachdem die Verfahrensanforderungen erfüllt und
eine erfolgreiche Abstimmung über den Vorschlag stattgefunden hat.[35]

Es wird deutlich, dass bei der Gestaltung von direktdemokratischen Abstimmungen „ein breites Spektrum der Verfahrensgestaltung"[36] existiert,
dass der Komplexität der Gestaltung von Wahlen nahekommt. „Deshalb
müssen die Kriterien für das Verfahrensdesign sinnvoll ausgewählt und umgesetzt werden."[37]

---

[29] Vgl. Kost, A. (2013). S. 100.
[30] Vgl. Kost, A. (2013). S. 100.
[31] Vgl. Decker et al. (2013). S. 55.
[32] Vgl. Decker et al. (2013). S. 55.
[33] Decker et al. (2013). S. 55.
[34] Vgl. Decker et al. (2013). S. 55.
[35] Vgl. Decker et al. (2013). S. 55.
[36] Vgl. Schiller, T. (2012). Direkte Demokratie – die mühsame Öffnung zum Volksentscheid. In Braun, S./Geisler, A. (Hrsg.) (2012). Die verstimmte Demokratie. Moderne
Volksherrschaft zwischen Aufbruch und Frustration. Wiesbaden: Springer VS. S. 199-208.
S. 201 (künftig zitiert: Schiller, T. 2012).
[37] Schiller, T. (2012). S. 201.

2.2 Repräsentative Demokratie

Aufgrund der im 19. Jahrhundert steigenden Bevölkerungszahlen war es in den meisten Staaten nicht möglich, alle Bürgerinnen und Bürgern am politischen Prozess im Sinne der direkten Demokratie zu beteiligen.[38] Auch der Informationsaustausch zwischen den Bürgerinnen und Bürgern untereinander sowie zwischen der Bevölkerung und der Politik war nur begrenzt möglich.[39] Vollversammlungen - wie bei der attischen Demokratie - waren praktisch nicht umsetzbar.[40] Aufgrund dessen mussten für die bestmögliche Beteiligung aller Staatsbürgerinnen und Staatsbürger am politischen Geschehen andere Möglichkeiten gefunden werden.[41]

Im Verlaufe des 19. und 20. Jahrhunderts konnte sich die Idee, dass die Bevölkerung durch Mitbürgerinnen und Mitbürger vertreten bzw. repräsentiert wird, durchsetzen.[42] Deshalb wird in der repräsentativen Demokratie die politische Macht nicht vom Volk direkt, sondern über vom Volk gewählte Vertreterinnen und Vertreter ausgeübt. Die Vertreterinnen und Vertreter bzw. die Repräsentantinnen und Repräsentanten des Volkes bilden ein Parlament.[43] Im Parlament wird meist über Sachfragen diskutiert, Gesetzesvorschläge werden erarbeitet und die Arbeit der Regierung wird kontrolliert. Das Handeln des Parlaments muss dabei im Rahmen der Öffentlichkeit stattfinden, damit das Volk dieses bewerten kann.[44] Aus der Bewertung können die Stimmberechtigten dann schließen, welche Repräsentantin oder welcher Repräsentant die eigenen politischen Interessen teilt und sie deshalb im Parlament vertreten soll.[45] Diesen Wunsch nach Repräsentation können sie dann bei der nächsten Wahl geltend machen, indem sie diese Repräsentantin oder diesen Repräsentanten wählen. Den Repräsentantinnen und Re-

---

[38] Vgl. Meyer, T. (2009). Was ist Demokratie? Eine diskursive Einführung. 1. Auflage. Wiesbaden: VS Verlag für Sozialwissenschaften. S. 83 (künftig zitiert: Meyer, T. 2009).
[39] Vgl. Meyer, T. (2009). S. 83.
[40] Vgl. Meyer, T. (2009). S. 83.
[41] Vgl. Meyer, T. (2009). S. 83.
[42] Vgl. Meyer, T. (2009). S. 83.
[43] Vgl. Bernauer et al. (2018). S. 217f.
[44] Vgl. Meyer, T. (2009). S. 84.
[45] Vgl. Meyer, T. (2009). S. 83.

präsentanten ist dies bewusst, was ihre Entscheidungen im Sinne der Bevölkerung beeinflusst.[46] Die Wahlen finden „ohne Einschränkung auf Basis des gleichen Wahlrechts in periodischen Abständen"[47] statt.[48] Das Volk hat in rein repräsentativen Demokratien keine Mitwirkungsmöglichkeiten über die Wahl hinaus.[49]

Diese Praxis entstand am Ende des 18. Jahrhunderts.[50] Damals wurden Honoratioren gewählt, die sich als bestmögliche Vertreter der Bevölkerung verstanden und deren Aufgabe es war, das Gemeinwohl zu ermitteln.[51] Den Honoratioren wurde zugetraut, dass diese nicht im Sinne partikularer Einzelinteressen berieten und entschieden, sondern wegen „ihrer ethischen Eignung, [...] Bildung und [...] Unabhängigkeit"[52] uneigennützig und objektiv im Sinne aller handelten.[53] In dieser frühen Form repräsentativer Demokratie fanden Parteien keinen Platz.[54] Jedoch zeigte sich, dass sich auch die Entscheidungen der Honoratioren häufig an regionalen oder sektoralen Wirtschaftsinteressen orientierten.[55]

Erst später im 19. Jahrhundert fand die Entwicklung vom „liberalen Honoratioren-Parlament zum demokratischen Parteien-Parlament"[56] statt. Es schlossen sich Gleichgesinnte in Gruppierungen, welche als „Parteien" bezeichnet wurden, zusammen.[57] Diese Gruppierungen fingen an sich zu organisieren und sich voneinander anhand unterschiedlicher Interessen abzugrenzen.[58]

Politische Parteien sehen sich als Repräsentanten ihrer Wählerinnen und Wähler und vertreten deren Interessen, die sich in ihren Parteiprogrammen

---

[46] Vgl. Meyer, T. (2009). S. 84.
[47] Meyer, T. (2009). S. 83.
[48] Vgl. Meyer, T. (2009). S. 83
[49] Vgl. Bernauer et al. (2018). S. 217.
[50] Vgl. Meyer, T. (2009). S. 84.
[51] Vgl. Meyer, T. (2009). S. 84.
[52] Meyer, T. (2009). S. 84.
[53] Vgl. Meyer, T. (2009). S. 84.
[54] Vgl. Meyer, T. (2009). S. 84.
[55] Vgl. Meyer, T. (2009). S. 84.
[56] Meyer, T. (2009). S. 84.
[57] Vgl. Meyer, T. (2009). S. 84.
[58] Vgl. Meyer, T. (2009). S. 84f.

widerspiegeln.[59] Aufgrund dessen kann die Wahl einer Partei als Auftrag der Wählerin oder des Wählers verstanden werden, die im Parteiprogramm beschriebenen Ziele zu verfolgen und durchzusetzen.[60] *Thomas Meyer* vergleicht das Wahlprogramm politischer Parteien mit einem Vertrag „zwischen Wählern und gewählten Parteivertretern [...], der die Übereinstimmung einer Reihe von Interessen, Zielen und politischen Maßnahmen festlegt."[61] Dieser Vertrag kann jedoch auch gebrochen werden, indem die Partei ihr eigenes Wahlprogramm nicht in ausreichendem Maße verfolgt.[62] Parteien sind also repräsentative Organe, die spezielle Werte und Interessen einer Gesellschaft politisch vertreten.[63]

Die Parteien lösten nicht nur die Honoratioren ab, sondern änderten auch das Verständnis von guter Repräsentation.[64] Die Honoratioren erlangten ihre Repräsentativität dadurch, dass sie sich durch ihre „politisch-ethische Einheit von den besonderen gesellschaftlichen Interessen"[65] distanzierten.[66] Die Repräsentativität der Parteien wird wiederum daran festgestellt, ob sie die Bandbreite der in einer Gesellschaft enthaltenen Interessen und Werte in ihrer Verschiedenheit hinreichend widerspiegeln.[67]

Thomas Meyer konstatiert jedoch, dass die Parteien selten alle gesellschaftlichen Strömungen repräsentieren und von ihrem Repräsentationsanspruch nicht immer überzeugen können.[68] Er sieht darin die Gründe für die in modernen Parteidemokratien fehlende Übereinstimmung zwischen den Entscheidungen der Parteien und den Interessen der Bevölkerung, die durch die Politikwissenschaft und die politische Öffentlichkeit kritisiert werden.[69] *Thomas Meyer* kommt zu dem Schluss, dass die fehlende Übereinstimmung zwischen Parteien und Bevölkerung den Wunsch nach einer Anpassung

---

[59] Vgl. Meyer, T. (2009). S. 85.
[60] Vgl. Meyer, T. (2009). S. 85.
[61] Meyer, T. (2009). S. 85.
[62] Vgl. Meyer, T. (2009). S. 85.
[63] Vgl. Meyer, T. (2009). S. 85
[64] Vgl. Meyer, T. (2009). S. 85.
[65] Meyer, T. (2009). S. 85.
[66] Vgl. Meyer, T. (2009). S. 85.
[67] Vgl. Meyer, T. (2009). S. 85.
[68] Vgl. Meyer, T. (2009). S. 85.
[69] Vgl. Meyer, T. (2009). S. 85.

repräsentativer Demokratien durch direktdemokratische Instrumente verstärkt.[70]

3 Direktdemokratische Ansätze in der historischen Entwicklung

Wenn heutzutage davon gesprochen wird, mehr direkte Demokratie einzuführen, wird damit selten direkte Demokratie im Sinne der attischen Demokratie gemeint. Die Ideen, die im fünften Jahrhundert vor Christus in Griechenland ihren Ursprung fanden, wurden in den letzten Jahrhunderten weiterentwickelt. In dem folgenden Abschnitt werden verschiedene theoretische Ansätze, die in ihren Grundannahmen auf den Ideen der attischen Demokratie basieren, aufgezeigt.

3.1 Rousseau

Jean-Jacques Rousseau hat die frühen Ideen der direkten Demokratie weiterentwickelt. Nach *Rousseau* existiert ein „volonté generale", ein Gemeinwohl oder allgemeiner Volkswille, dem sich alle unterzuordnen haben.[71] Daraus schließt *Rousseau*, dass jedes Gesetz, welches nicht vom Volk bestätigt wurde, keine Legitimität hat.[72] Regierende und Regierte dürfen sich nicht unterscheiden, sondern müssen identisch sein, da sich der allgemeine Volkswille sonst nicht erreichen lasse.[73]

Der größte Unterschied zwischen den Ideen *Rousseaus* und den heutigen Demokratien ist die Existenz von Gewaltenteilung. Während der Großteil der heutigen Demokratien Formen von Gewaltenteilung vorsehen, enthalten

---

[70] Vgl. Meyer, T. (2009). S. 85.
[71] Vgl. Baring, A. (1983). Vom Gesellschaftsvertrag. Hamburg: Zeit Online. URL: https://www.zeit.de/1983/34/vom-gesellschaftsvertrag/komplettansicht (aufgerufen am 22.05.2020) (künftig zitiert: Baring, A. 1983).
[72] Vgl. Kost, A. (2013). S. 26.
[73] Vgl. Kost, A. (2013), S. 26.

Rousseaus Theorien keine Form der Gewaltenteilung.[74] Die ersten Ansätze, politische Gewalt an verschiedene Institutionen aufzuteilen, kamen von Montesquieu.[75] *Montesquieu* teilte politische Macht in drei Funktionen: die gesetzgebende Gewalt, die ausführende Gewalt und die rechtsprechende Gewalt.[76]

In Deutschland schreibt das Prinzip der Gewaltenteilung vor, dass die staatliche Gewalt in mehrere Gewalten aufgeteilt wird, welche sich gegenseitig kontrollieren und staatliche Macht begrenzen.[77] Heutzutage ist eine Demokratie ohne eine Form der Gewaltenteilung vor allem in Deutschland mit Blick auf die Vergangenheit kaum denkbar. Das Fehlen von gewaltenteilenden oder gewaltbegrenzenden Instrumenten in der Weimarer Republik wurde ausgenutzt, um den demokratischen Staat auszuhöhlen und eine Diktatur zu errichten.

Die direkte Demokratie hat sich seit den Ideen *Rousseaus*, der diese im Vorfeld der Französischen Revolution entwickelte, weiterentwickelt.[78] Wie eine moderne, direkte Demokratie funktionieren könnte, zeigen einige Theorieansätze auf.

3.2 Barber

Benjamin Barber, der mehrere Jahre lang die Regierung des früheren US-Präsidenten *Bill Clinton* beraten hatte, vertritt die Einstellung *Rousseaus*, dass Repräsentation einer Demokratie schade.[79] *Barber* kritisiert, dass die modernen Demokratien den Gemeinschaftsgedanken vernachlässigen, das

---

[74] Vgl. Kost, A. (2013), S. 26.

[75] Vgl. Frevel, B./Voelzke, N. (2017). Demokratie. Entwicklung – Gestaltung – Herausforderungen. 3. Auflage. In Erhart, H. G./Frevel, B./Schubert, K./Schüttemeyer, S. S. (Hrsg.) (2017). Elemente der Politik. Wiesbaden: Springer VS. zitiert: S. 34. (künftig zitiert: Frevel, B./Voelzke, N. 2017).

[76] Frevel, B./Voelzke, N. (2017). S. 34f.

[77] Vgl. Deutscher Bundestag (o. J.). Prinzip der Gewaltenteilung. Berlin: Deutscher Bundestag. URL: https://www.bundestag.de/parlament/aufgaben/rechtsgrundlagen/gewaltenteilung-246408 (aufgerufen am: 22.05.2020).

[78] Vgl. Kost, A. (2013). S. 26f.

[79] Vgl. Kost, A. (2013). S. 27.

11

Individuum zu sehr in den Mittelpunkt rücken und nur am Output orientiert seien.[80]

Barber beschreibt in seinem Buch „Strong Democracy" eine „partizipatorische Demokratietheorie."[81] In seinem Werk stellt *Barber* ein Demokratiedefizit in den USA fest.[82] Diesem Problem möchte *Barber* eine starke Demokratie entgegenstellen, in welcher eine fortwährende politische Beteiligung der Bürger stattfindet, wodurch die bestehenden Probleme gelöst werden könnten.[83]

Um zu garantieren, dass der Zusammenhalt der Bürgerschaft erstarkt und die Bürgerinnen und Bürger gemeinwohlorientierte Entscheidungen treffen, sieht *Barber* vor, dass die direktdemokratische Beteiligung in Form von landesweiten Nachbarschaftsversammlungen erfolgt.[84] Diese sollen „mit gesetzgeberischen Kompetenzen auf kommunaler Ebene ausgestattet werden."[85] *Benjamin Barber* setzt dabei voraus, dass man sich in seine Mitmenschen hineinversetzt, auch wenn man unterschiedliche Interessen und Ansichten hat.[86] Dabei sollen die eigenen Interessen denen der Mitmenschen untergeordnet werden, damit der Wille der Allgemeinheit sich durchsetzen könne.[87]

„Insgesamt betrachtet besteht die Strategie Benjamin Barbers darin, die Zivilgesellschaft, den bürgerlichen Raum, zu stärken, weil dort Kommunikation stattfindet [...] und die Menschen als öffentliche Wesen agieren, indem sie wie eine Regierung Sinn für öffentliche Aufgaben und Achtung vor dem Gemeinwohl haben"[88], fasst *Andreas Kost* den Ansatz *Barbers* treffend zusammen.[89]

---

[80] Vgl. Kost, A. (2013). S. 27.
[81] Kost, A. (2013). S. 28.
[82] Vgl. Kost, A. (2013). S. 28.
[83] Vgl. Kost, A, (2013). S. 28.
[84] Vgl. Kost, A. (2013). S. 28.
[85] Kost, A. (2013). S. 28.
[86] Vgl. Kost, A. (2013). S. 28.
[87] Vgl. Kost, A. (2013). S. 28.
[88] Kost, A. (2013). S. 28.
[89] Vgl. Kost, A. (2013). S. 28.

3.3   Deliberative Demokratie

Die deliberative Demokratie erhält ihren Namen von der rationalen Diskussion, die auch Deliberation genannt wird.[90] *Jürgen Habermas* gehört zu den Begründern der Deliberation.[91] Die Deliberation basiert auf dem Austausch von Argumenten und dient dem Zweck der Entscheidungsfindung.[92] Dabei soll nicht die Mehrheitsabstimmung, sondern das bessere Argument die Entscheidung prägen, sodass nach Abwägung aller Argumente gegeneinander ein bestmöglicher Entschluss getroffen werden kann.[93] Die Beratungen sollen dabei inklusiv und öffentlich stattfinden.[94]

Andreas Kost kritisiert an der deliberativen Demokratie, dass diese kaum umsetzbar sei, da eine Teilnahme der gesamten Bevölkerung an einer Diskussion nicht möglich sei.[95] Weiterhin bestehe laut *Andreas Kost* die Gefahr „einer systematischen Kommunikationsverzerrung"[96], wenn die Medien den Diskurs in die Öffentlichkeit transportieren würden, da diese nicht immer die Informationen veröffentlichen, die für den Diskurs von Relevanz sind.[97] *Andreas Kost* spricht auch an, dass der bloße Fokus auf Argumente nur eine Idealvorstellung sein könne, da verschiedene Machtgefälle zwischen den Diskursteilnehmern „ein neutrales Abwägen der Argumente erschweren."[98] *Andreas Kost* kommt zu dem Schluss, dass die Deliberation wahrscheinlich nur auf kommunaler Ebene möglich sei, da der offene Diskurs dort nicht an „räumliche Größenordnungsgrenzen"[99] zu stoßen drohe.[100]

---

[90] Vgl. Kost, A. (2013). S. 29.

[91] Vgl. Große Hüttmann, M. (o. J.). Deliberation. Bundeszentrale für politische Bildung: Bonn. In Große Hüttmann, M/ Wehling, H. (Hrsg.) (2020). Das Europalexikon. 3. Auflage. Bonn: Dietz.   URL: https://www.bpb.de/nachschlagen/lexika/das-europalexikon/176777/deliberation (aufgerufen am 22.05.2020) (künftig zitiert Große Hüttmann, M o. J.).

[92] Vgl. Große Hüttmann, M. (o. J.).

[93] Vgl. Große Hüttmann, M. (o. J.).

[94] Vgl. Große Hüttmann, M (o. J.).

[95] Vgl. Kost, A. (2013). S. 30.

[96] Kost, A. (2013). S. 30.

[97] Vgl. Kost, A, (2013). S. 30.

[98] Kost, A. (2013). S. 30f.

[99] Kost, A. (2013). S. 31.

[100] Vgl. Kost, A. (2013). S. 31.

4 Direkte Demokratie in Deutschland

Die Bundesrepublik Deutschland lässt sich zweifelsohne den repräsentativen Demokratien zuordnen. Direkte Demokratie findet ausschließlich auf Kommunal- und Landesebene statt und wird selbst auf diesen Ebenen durch Quoren und Themeneinschränkungen blockiert.

Im folgenden Abschnitt werden die direktdemokratischen Instrumente in der Weimarer Republik, im Nationalsozialismus und in der Bundesrepublik untersucht. Dabei werden die Gründe, die bei der Gründung der Bundesrepublik gegen die Einführung von direktdemokratischen Elementen sprachen, genannt. Des Weiteren wird untersucht, wie sich die Volksabstimmungen der Weimarer Republik und der Nationalsozialisten auf diese Entscheidung ausgewirkt haben.

4.1 Volksabstimmungen während der Weimarer Republik

Die Weimarer Republik stellte die erste parlamentarische Demokratie in Deutschland dar.[101] Anders als die Bundesrepublik kannte die Weimarer Republik die direktdemokratischen Instrumente der Volksbegehren und -entscheide nicht nur auf Kommunal- und Landesebene, sondern auch auf Bundesebene.[102]

Dabei stellte die Einführung dieser Instrumente eine erhebliche Herausforderung dar.[103] Die an den Verfassungsberatungen von 1918 beteiligten Parteien unterstützten die Einführung von Volksbegehren und Volksentscheiden kaum - und wenn doch, dann nur unter Vorbehalten.[104] Die Vorbehalte und Unsicherheiten zwischen den Parteien gegenüber den direktdemokrati-

---

[101] Vgl. Kost, A. (2013). S. 19.
[102] Vgl. Schiffers, R. (2001). Schlechte Weimarer Erfahrungen. In Heußner, H. K./ Jung, O. (Hrsg.) (2001). Mehr direkte Demokratie wagen. Volksentscheid und Bürgerentscheid: Geschichte | Praxis | Vorschläge. 3. Auflage. München: Olzog Verlag GmbH. S. 69-90, zitiert: S. 71. (künftig zitiert: Schiffers, R. 2001).
[103] Vgl. Schiffers, R. (2001). S. 73.
[104] Vgl. Schiffers, R. (2001). S. 73.

schen Instrumenten wurden aufgrund der unterschiedlichen Vorstellungen über den Anwendungsbereich und die Reichweite der Instrumente verstärkt.[105]

Das führende Hauptmotiv für die Einführung der Instrumente war das Ziel, die „direktdemokratische Beteiligung als Korrektiv des Parlaments einzusetzen.[106] Weitere Motive, die für die Einführung sprachen, waren die Stärkung der Exekutive und die Unterminierung des Rätegedankens.[107] Zudem wollte man die zu der Zeit verbreitete radikaldemokratische Unterströmung abschwächen.[108]Aus diesen Gründen geht man heutzutage davon aus, dass „die Einfügung direktdemokratischer Verfahren in die Reichsverfassung von 1919 das Ergebnis eines Kompromisses zwischen sehr verschiedenen und zum Teil einander entgegengesetzten Bestrebungen war."[109] Die direktdemokratischen Beteiligungsverfahren wurden in den Artikeln 73 bis 76 in die Weimarer Reichsverfassung eingebaut.

Die Volksgesetzgebung wurde in der Weimarer Republik 1921 mit dem Gesetz über den Volksentscheid eingeführt und gestaltete sich folgendermaßen:[110] Die Bevölkerung konnte nach Art. 73 Abs. 3 der Weimarer Reichsverfassung ein Volksbegehren initiieren, wenn dieses von einem Zehntel der Stimmberechtigten unterstützt wurde und diesem ein gültiger Gesetzesentwurf beilag.[111] Wenn diese Bedingungen erfüllt waren, hatte die Regierung den Entwurf dem Reichstag zu unterbreiten und zu diesem Stellung zu beziehen.[112] Der Reichstag konnte diesen Entwurf dann unverändert annehmen.[113] Wenn der Reichstag sich jedoch gegen die unveränderte Annahme des Entwurfes entschied, kam es zu einem Volksentscheid.[114]

---

[105] Vgl. Schiffers, R. (2001). S. 73.
[106] Schiffers, R. (2001). S. 73.
[107] Vgl. Schiffers, R. (2001). S. 73.
[108] Vgl. Schiffers, R. (2001). S. 73.
[109] Schiffers, R. (2001). S. 73.
[110] Vgl. Schiffers, R. (2001). S. 73.
[111] Vgl. Schiffers, R. (2001). S. 74.
[112] Vgl. Schiffers, R. (2001). S. 74.
[113] Vgl. Schiffers, R. (2001). S. 74.
[114] Vgl. Schiffers, R. (2001). S. 74.

Jedoch sah der Art. 73 Abs. 4 der Weimarer Reichsverfassung vor, dass zum Haushaltsplan, den Abgabegesetzen und den Besoldungsordnungen keine Volksbegehren durchgeführt werden konnten.[115] Eine Ausnahme stellte es dar, wenn der Reichspräsident zu einem dieser Themen einen Volksentscheid initiierte.[116]

Einen Beschluss des Reichstages konnten Volksentscheide nur dann außer Kraft setzen, wenn sich die Mehrheit der Stimmberechtigten an der Abstimmung beteiligten.[117] Folglich galt ein Beteiligungsquorum von 50 % für Volksentscheide.[118] Unter die Formulierung „Beschluss des Reichstages" fielen nicht nur Sachregelungen des Parlaments, sondern auch die Entscheidung des Parlaments einen Gesetzesentwurf, der über ein Volksbegehren eingebracht wurde, nicht unverändert anzunehmen.[119] Bei Volksentscheiden über eine Verfassungsänderung mussten mehr als die Hälfte der Stimmberechtigten an diesem teilnehmen und die Mehrheit diesem zustimmen.[120]

Die Möglichkeit eines Volksbegehrens wurde von der Bevölkerung jedoch kaum genutzt, sodass die Anzahl der Volksbegehren in der Weimarer Republik gering blieb.[121] Das Gesetz über den Volksentscheid von 1921 regelte, ebenso wenig wie die Weimarer Reichsverfassung, nicht die Rangordnung von parlaments- und volksbeschlossenen Gesetzen.[122] Es ist davon auszugehen, dass dies einer der Gründe für die verhaltene Nutzung von direktdemokratischen Instrumenten während der Weimarer Republik war.

Reinhard Schiffers bezeichnet die Praxis der Volksbegehren und Volksentscheide zur Zeit der Weimarer Republik als „einen Nebenschauplatz der politischen Auseinandersetzung"[123] und fügt hinzu, dass die Reichstags-, Landtags- und Präsidentenwahlen „erheblich größere Agitations- uns Mobi-

---

[115] Vgl. Schiffers, R. (2001). S. 74.
[116] Vgl. Schiffers, R. (2001). S. 74.
[117] Vgl. Schiffers, R. (2001). S. 74.
[118] Vgl. Schiffers, R. (2001). S. 74.
[119] Vgl. Schiffers, R. (2001). S. 74.
[120] Vgl. Kost, A. (2013). S. 19.
[121] Vgl. Schiffers, R. (2001). S. 74.
[122] Vgl. Schiffers, R. (2001). S. 73.
[123] Schiffers, R. (2001). S. 73.

lisierungschancen [boten] als die Mehrzahl der Volksbegehren."[124] Nur die 1926 stattfindende Volksabstimmung über die „Fürstenenteignung" führte zu einer Beteiligung, die sich mit der Beteiligung an den Reichstagswahlen vergleichen ließ.[125]

Insgesamt wurden in der Weimarer Republik nur acht Volksbegehren auf Reichsebene beantragt.[126] Von diesen Volksbegehren war jedoch keines erfolgreich.[127] 1926 initiierten die KPD und die SPD ein Volksbegehren, das zum Ziel hatte, die Fürsten, die bis 1918 regiert hatten, zu enteignen.[128] Dieser Versuch entwickelte sich zu „einer der umfassendsten politischen Auseinandersetzungen in der Weimarer Republik seit der Revolution von 1918"[129], was sich auch in der Wahlbeteiligung widerspiegelte.[130] Die „Fürstenenteignung" wurde von 96,1 % der Wählerinnen und Wähler unterstützt und erzielte eine klare Mehrheit.[131] Jedoch scheiterte der Volksentscheid letztendlich am Beteiligungsquorum von 50 %.[132]

Das Volksbegehren zum „Panzerkreuzerverbot" setzte sich mit dem Bau von vier Panzerkreuzern, die insgesamt 500 Millionen Mark kosten sollten, auseinander.[133] Die SPD positionierte sich 1928 als damalige Oppositionspartei gegen den Bau der vier Panzerkreuzer und forderte, dass die dafür eingeplanten finanziellen Mittel stattdessen für die Ernährung von Kindern ausgegeben würden.[134] Nachdem die SPD in die Regierung einzog, stimmten ihre Minister aus „koalitionspolitischen Gründen"[135] für das Rüstungsprogramm.[136] Die finanziellen Mittel für die Speisung von Kindern wurden derweil gestrichen.[137] Die KPD startete daraufhin das Volksbegehren „Pan-

---

[124] Schiffers, R. (2001). S. 74.
[125] Vgl. Schiffers, R. (2001). S. 74.
[126] Vgl. Schiffers, R. (2001). S. 74.
[127] Vgl. Kost, A. (2013). S. 20.
[128] Vgl. Schiffers, R. (2001). S. 76.
[129] Schiffers, R. (2001). S. 76.
[130] Vgl. Schiffers, R. (2001). S. 76f.
[131] Vgl. Kost, A. (2013). S. 20.
[132] Vgl. Schiffers, R. (2001). S. 77.
[133] Vgl. Schiffers, R. (2001). S. 79.
[134] Vgl. Schiffers, R. (2001). S. 79.
[135] Schiffers, R. (2001). S. 79.
[136] Vgl. Schiffers, R. (2001). S. 79f.
[137] Vgl. Schiffers, R. (2001). S. 80.

zerkreuzerverbot" - mit dem Ziel der SPD zu schaden.[138] Das Volksbegehren wurde 1928 von 1,2 Millionen Menschen unterschrieben und scheiterte somit am Unterstützungsquorum.[139]

Wenn auf die direkte Demokratie in der Weimarer Republik zurückgeblickt wird, wird meist der „Young-Plan" als Negativbeispiel für den Einsatz der direktdemokratischen Instrumente genannt.[140] Nach dem Ersten Weltkrieg wurden im Dawes-Abkommen von 1924 die Reparationszahlungen geregelt.[141] 1929 sollte der Young-Plan die herrschenden Reparationsregelungen verändern, wobei die neuen Regelungen nach Einschätzung der Reichsregierung und der Experten das Deutsche Reich deutlich entlasten würden.[142] Des Weiteren sicherten die Alliierten dem Deutschen Reich vertraglich zu, dass sie die verbleibenden Teile des Rheinlandes, die noch besetzt waren, bei Annahme des Young-Plans räumen würden.[143] Jedoch beinhaltete der Young-Plan auch die „generationenlange Dauer der Reparationsbelastung und die nach wie vor hohen jährlichen Tilgungsraten."[144]

Aus diesen Gründen und trotz der existierenden positiven Aspekte des Young-Plans kritisierte die „organisierte Rechte"[145] diesen scharf und startete eine regelrechte Hetzkampagne gegen diesen.[146] Sie initiierten ein Volksbegehren, dem der Gesetzesentwurf „Gesetz gegen die Versklavung des Deutschen Volkes" beilag.[147] Der Gesetzesentwurf forderte die Aufhebung des Art. 231 des Versailler Vertrages, der auch als „Kriegsschuldartikel" bezeichnet wurde, die Räumung der besetzten Gebiete und das Verbot der „Übernahme neuer Lasten und Verpflichtungen gegenüber auswärtigen Mächten auf der Grundlage des Kriegsschuldanerkenntnisses."[148] Des Wei-

---

[138] Vgl. Schiffers, R. (2001). S. 80.
[139] Vgl. Kost, A. (2013). S. 20.
[140] Vgl. Kost, A. (2013). S. 20.
[141] Vgl. Schiffers, R. (2001). S. 81.
[142] Vgl. Schiffers, R. (2001). S. 81.
[143] Vgl. Schiffers, R. (2001). S. 81.
[144] Schiffers, R. (2001). S. 81.
[145] Kost, A. (2013). S. 20.
[146] Vgl. Kost, A. (2013). S. 20.
[147] Vgl. Schiffers, R. (2001). S. 81.
[148] Schiffers, R. (2001). S. 81.

teren verlangte der Entwurf die Bestrafung von Reichsministern und Reichskanzlern, wenn sie den übrigen Forderungen nicht folgen würden.[149]

Die Reichsregierung wehrte sich gegen die Darstellungen durch den Einsatz von finanziellen Mitteln zur Gegendarstellung und griff auch auf den Rundfunk, der zu der Zeit nur von der Regierung genutzt werden konnte, zurück.[150] Zusätzlich drohte man Beamten Disziplinarmaßnahmen an, wenn diese das Volksbegehren unterstützten.[151]

Die Debatte drehte sich am Ende kaum noch um die positiven und negativen Aspekte des Young-Plans und die „Abwägung zwischen dem alten und dem neuen Reparationsplan."[152] Als der Volksentscheid am Ende des Jahres 1929 durchgeführt wurde, beteiligten sich nur 6,3 Millionen Bürgerinnen und Bürger, was ca. 14,9 % der Stimmberechtigten entsprach, an der Abstimmung.[153] Heutzutage besteht die herrschende Meinung, dass das Volksbegehren von 1929 das Gegenteil einer Volksbewegung war.[154] Das Volksbegehren gegen den Young-Plan besaß nach *Reinhard Schiffers* eine inhaltliche Legitimität, welche jedoch durch die Instrumentalisierung des Volksbegehrens zum Zwecke der Polarisierung der Debatte ihren Wert verlor.[155]

Die Volksabstimmungen wurden in der Weimarer Republik kaum genutzt, weshalb aus diesen kaum Erfahrungen gezogen werden können. Aus dieser geringen Erfahrungsmenge kann demnach nicht der Schluss gezogen werden, dass Volksabstimmungen objektive Entscheidungsfindungen gefährden, indem sie die Debatte emotionalisieren. Nur das Volksbegehren über den Young-Plan wurde von der organisierten Rechten missbraucht, um der Weimarer Republik und der Demokratie zu schaden, indem gewählten Volksvertreterinnen und Volksvertretern strafrechtliche Maßnahmen angedroht wurde. Die damaligen Regierungsparteien reagierten darauf, indem sie die öffentliche Meinung aktiv beeinflussten und sogar Beamten Strafen an-

---

[149] Vgl. Schiffers, R. (2001). S. 81.
[150] Vgl. Schiffers, R. (2001). S. 82.
[151] Vgl. Schiffers, R. (2001). S. 82.
[152] Schiffers, R. (2001). S. 82.
[153] Vgl. Schiffers, R. (2001). S. 82.
[154] Vgl. Schiffers, R. (2001). S. 82.
[155] Vgl. Schiffers, R. (2001). S. 82.

drohten, wenn diese sich zu dem Volksbegehren bekennen würden. Dieses Volksbegehren ist als Einzelfall zu betrachten. Es gibt keinen Beleg dafür, dass die Volksbegehren das politische Klima der Weimarer Republik radikalisiert oder zu dessen Zusammenbruch beigetragen hätten.[156]

4.2 Volksabstimmungen während des Dritten Reiches

Nachdem die Nationalsozialisten 1933 das Ermächtigungsgesetz verabschiedet hatten, führten sie im Juli 1933 das „Gesetz über Volksabstimmungen" ein.[157] Dieses Gesetz gab der Reichregierung die Möglichkeit das Volk zu befragen, ob es einer Maßnahme der Regierung zustimme oder nicht.[158] Unter dem Begriff „Maßnahmen" wurden auch Gesetze und konkrete Einzelfälle verstanden.[159] Die Abstimmungen verlangten eine einfache Stimmmehrheit, wobei nicht zwischen einer Abstimmung über eine Maßnahme und einer Abstimmung über ein verfassungsänderndes Gesetz unterschieden wurde.[160]

Anders als die Volksabstimmungen in der Weimarer Republik hatten die Abstimmungen der Nationalsozialisten keinen oppositionellen Charakter, sondern dienten als „Regierungsinstrument."[161] Diese Regelungen unterschieden sich zwar sehr von den Regelungen, die bisher in Deutschland für direktdemokratische Verfahren galten, jedoch ist *Otmar Jung* der Meinung, dass diese nicht als undemokratisch bezeichnet werden können, da diese durchaus mit den Regelungen anderer Staaten vergleichbar seien.[162] *Otmar Jung* schätzt die Gesetzesregelung als solche nicht als problematisch ein, sondern „ihre Anwendung unter einem diktatorischen System."[163] Den Na-

---

[156] Vgl. Schiffers, R. (2001). S. 85f.
[157] Vgl. Jung, O. (2001). Die Volksabstimmungen der Nationalsozialisten. In Heußner, H. K./ Jung, O. (Hrsg.) (2001). Mehr direkte Demokratie wagen. Volksentscheid und Bürgerentscheid: Geschichte | Praxis | Vorschläge. 3. Auflage. München: Olzog Verlag GmbH. S.91-102, zitiert S. 91. (künftig zitiert: Jung, O. 2001).
[158] Vgl. Jung, O. (2001). S. 91.
[159] Vgl. Jung, O. (2001). S. 91f.
[160] Vgl. Jung, O. (2001). S. 91.
[161] Jung, O. (2001). S. 91.
[162] Vgl. Jung, O. (2001). S. 92.
[163] Jung, O. (2001). S. 92.

tionalsozialisten dienten die Volksabstimmungen als plebiszitäre Rechtfertigung ihrer Maßnahmen.[164]

Die Nationalsozialisten traten 1933 aus der Genfer Abrüstungskonferenz und dem Völkerbund aus.[165] Daraufhin ließen sie die Bevölkerung über die Frage abstimmen:

„Billigst Du, deutscher Mann, und Du, deutsche Frau, diese Politik Deiner Reichsregierung und bist Du bereit, Dich feierlich zu ihr zu bekennen?"[166]

Aus dieser Suggestivfrage ging jedoch nicht das konkrete Thema der Abstimmung hervor.[167] Wenn die Abstimmung den Austritt aus dem Völkerbund behandeln sollte, ging dies gegen das „Gesetz über Volksabstimmungen", da der Austritt aus dem Völkerbund bereits vollzogen war und es sich deshalb um keine Maßnahme im Sinne des Gesetzes handeln konnte.[168] Andersherum konnte sich die Abstimmung auch nicht auf das Dokument beziehen, da in diesem Fall nicht der Charakter einer Maßnahme vorläge.[169] Die Abstimmung sollte vor allem dem Ausland zeigen, dass die deutsche Bevölkerung hinter den außenpolitischen Entscheidungen stünde.[170] Des Weiteren diente diese dazu, die „pseudodemokratische Fassade"[171] weiterhin aufrechtzuerhalten.[172] Bei der Volksabstimmung stimmten 95,1 % der Stimmberechtigten mit „Ja".[173]

Die nächste Volksabstimmung fand im Jahr 1934 statt, nachdem der Reichspräsident *Paul von Hindenburg* verstorben war.[174] Die nationalsozialistischen Machthaber planten die Befugnisse des Reichspräsidenten auf den Reichskanzler *Adolf Hitler* zu übertragen.[175] Zu diesem Thema wollte man

---

[164] Vgl. Jung, O. (2001). S. 92.
[165] Vgl. Jung, O. (2001). S. 92.
[166] Jung, O. (2001). S. 92.
[167] Vgl. Jung, O. (2001). S. 92f.
[168] Vgl. Jung, O. (2001). S. 93.
[169] Vgl. Jung, O. (2001). S. 93.
[170] Vgl. Jung, O. (2001). S. 93.
[171] Jung, O. (2001). S. 93.
[172] Vgl. Jung, O. (2001). S. 93.
[173] Vgl. Jung, O. (2001). S. 94.
[174] Vgl. Jung, O. (2001). S. 96.
[175] Vgl. Jung, O. (2001). S. 96.

die Bevölkerung abstimmen lassen, obwohl die Regierung die Übertragung der Machtbefugnisse von Reichspräsident auf den Reichskanzler als verfassungsrechtlich problemlos einstufte.[176]

Vor der Abstimmung übte die Regierung mit Hilfe von Propaganda Druck auf die Bevölkerung aus.[177] Davor wurde im Rahmen des vorgeblichen „Röhm-Putsches" offener Terror ggü. Sozialdemokraten, Kommunisten und anderen sogenannten „Feinden des Systems" verübt und diese eingeschüchtert.[178] Obwohl 89,9 % der Stimmen „Ja" lauteten und die Abstimmung somit klar gewonnen wurde, ließ sich die Volksabstimmung nicht als Erfolg bezeichnen.[179]

Dies wird vor allem deutlich, wenn man die Abstimmungsergebnisse mit den Ergebnissen der Abstimmung im November 1933 vergleicht.[180] Dabei fällt auf, dass fast alle Werte schlechter geworden sind.[181] Insgesamt fiel das Ergebnis um 5,1 % schlechter aus als im Vorjahr und in einigen Stimmkreisen stieg der Anteil der Nein-Stimmen sogar stark an.[182] Als Beispiele lassen sich der Stimmkreis Köln-Aachen, in dem der Anteil an Nein-Stimmen um 12,6 % wuchs, und der Stimmkreis Westfalen Nord, in dem der selbige um 10,2 % wuchs, anführen.[183] Die Nationalsozialisten erklärten die Abstimmung nach außen hin zum Sieg, bezeichneten diese aber intern aufgrund der Stimmverluste als Niederlage. Aufgrund dessen wurden die Volksabstimmungen danach „faktisch abgeschafft."[184]

Erst vier Jahre später wurde das Volk erneut befragt.[185] Der österreichische Kanzler *von Schuschniggs* wollte im Rahmen des Anschlusses Österreichs an das Deutsche Reich eine Volksabstimmung durchführen.[186] Zuerst fand

---

[176] Vgl. Jung, O. (2001). S. 96.
[177] Vgl. Jung, O. (2001). S. 97.
[178] Vgl. Jung, O. (2001). S. 97.
[179] Vgl. Jung, O. (2001). S. 97.
[180] Vgl. Jung, O. (2001). S. 97.
[181] Vgl. Jung, O. (2001). S. 97.
[182] Vgl. Jung, O. (2001). S. 97.
[183] Vgl. Jung, O. (2001). S. 97.
[184] Jung. O. (2001). S. 99.
[185] Vgl. Jung, O. (2001). S. 100.
[186] Vgl. Jung, O. (2001). S. 100.

in Österreich ein Territorialplebiszit statt.[187] Dieses Plebiszit stellte einen Verstoß gegen das Anschlussverbot des Staatsvertrages von Saint Germain dar.[188] Daraufhin wurde auch im Deutschen Reich ein Territorialplebiszit durchgeführt, welches wiederum gegen den Versailler Vertrag verstieß.[189] Diese Abstimmungen standen in der Tradition der Territorialplebiszite von 1920 bis 1935 und stellten keine Volksabstimmungen nach dem „Gesetz über Volksabstimmungen" dar.[190] Im April 1938 fand das „Politikgemisch einer Volksabstimmung und Reichstagswahl in einem"[191] statt.[192] Auf dem Stimmzettel wurden die Stimmberechtigten gefragt:

„Bist du mit der am 13. März 1938 vollzogenen Wiedervereinigung Österreichs mit dem Deutschen Reich einverstanden und stimmst du für die Liste unseres Führers Adolf Hitler?"[193]

Der Druck, der bei jeder Abstimmung und Wahl im Nationalsozialismus auf die Stimmberechtigten ausgeübt wurde, wurde bei dieser Abstimmung erneut erhöht.[194] „Nötigung zur Beteiligung, Bruch des Abstimmungsgeheimnisses und Abstimmungsfälschung kamen in besonders großem Umfang vor, ohne dass freilich das Ergebnis insgesamt als gefälscht bezeichnet werden könnte.[195] Anders als bei der Volksabstimmung von 1934 konnte das Ergebnis 1938 als voller Erfolg bezeichnet werden.[196]

Zusammenfassend kann man sagen, dass die Volksabstimmungen der Nationalsozialisten nicht mit Volksabstimmungen im Sinne direkter Demokratie verglichen werden können. Durch die Propagandamaschinerie der NSDAP, des Terrors gegen Oppositionelle und des Verbots jener, der suggestiven Formulierung der Abstimmungsfragen, der Aufhebung der Schutzrechte und der Fälschung der Ergebnisse, wurden die Wahlen und deren Ausgang stark

---

[187] Vgl. Jung, O. (2001). S. 100.
[188] Vgl. Jung, O. (2001). S. 100.
[189] Vgl. Jung, O. (2001). S. 100.
[190] Vgl. Jung, O. (2001). S. 100.
[191] Jung, O. (2001). S. 101.
[192] Vgl. Jung. O. (2001). S. 101.
[193] Jung, O. (2001). S. 101.
[194] Vgl. Jung, O. (2001). S. 101.
[195] Jung, O. (2001). S. 101.
[196] Vgl. Jung, O. (2001). S. 101.

beeinflusst. Aus diesem Grund sind die Abstimmungen der Nationalsozialisten in keiner Weise mit den modernen Bestrebungen, die Bürgerinnen und Bürger direkter an der Demokratie zu beteiligen, zu vergleichen. Die Forderung nach mehr direktdemokratischen Instrumenten in der Bundesrepublik Deutschland abzulehnen, da die Volksabstimmungen von den Nationalsozialisten missbraucht wurden, ist daher falsch.

4.3 Direkte Demokratie in der Bundesrepublik

Die Bundesrepublik Deutschland ist eine repräsentative Demokratie. Doch obwohl sie keine rein repräsentative Demokratie ist, kommen direktdemokratische Instrumente nur selten zum Tragen. Im Grundgesetz der Bundesrepublik existieren kaum Artikel, die dem Volk ein politisches Mitspracherecht außerhalb von Wahlen zusichern. Jedoch wurden auf Kommunal- und Landesebene in den letzten Jahren erste Vorstöße gemacht. Die folgenden Abschnitte beschäftigen sich mit den existierenden direktdemokratischen Möglichkeiten auf Kommunal-, Landes- und Bundesebene und wie sich diese im Laufe der Zeit geändert haben.

4.3.1 Direkte Demokratie auf der kommunalen Ebene

Innerhalb der drei politischen Ebenen gibt es auf der kommunalen Ebene die meisten politischen Beteiligungsmöglichkeiten für Bürgerinnen und Bürger. Zunächst einmal kann sich jede Gemeindebürgerin oder Gemeindebürger in Kommunalwahlen zum Vertreter der Gemeindebürgerinnen und -bürger wählen lassen.[197] Dies ist jedoch keine Form der direkten Demokratie, sondern eine der repräsentativen Demokratie, da die gewählte Person als Vertreter oder Repräsentant die Entscheidungen für seine Mitbürgerinnen und Mitbürger trifft. Dennoch verfügen die Kommunen über andere direktdemokratische Instrumente, mit denen die Bürger über Sachfragen entscheiden können.

---

[197] Vgl. Kost, A. (2013). S. 36.

In den Gemeindeordnungen ist festgelegt, dass Bürgerinnen und Bürger Bürgerbegehren und Bürgerentscheide initiieren können. In Nordrhein-Westfalen ist in § 26 Abs. 1 der Gemeindeordnung festgelegt, dass die Bürgerinnen und Bürger mit Hilfe eines Bürgerbegehrens beantragen können, dass sie anstelle des Rates über eine Angelegenheit der Gemeinde selbst entscheiden. Diese Entscheidung wird Bürgerentscheid genannt. Ein Bürgerentscheid kann auch vonseiten des Rates initiiert werden, indem dieser von zwei Dritteln der gesetzlichen Zahl der Ratsmitgliederinnen und Ratsmitglieder beschlossen wird. Der Bürgerentscheid ist eine Abstimmung der Bürgerinnen und Bürger über eine kommunalpolitische Sachfrage.[198]

Jedoch dauerte es in Deutschland relativ lange, bis der heutige Status quo erreicht wurde. Baden-Württemberg galt hier lange als Vorreiter. In dem Bundesland wurden Bürgerbegehren und Bürgerentscheid 1956 eingeführt.[199] Die restlichen Bundesländer zogen hier erst in den 1990er Jahren nach, wobei Berlin sogar erst 2005 den Weg für direktdemokratische Verfahren auf Kommunalebene freimachte.[200] In Bayern und Hamburg wurden Bürgerbegehren und Bürgerentscheid sogar durch ein erfolgreiches Volksbegehren eingeführt.[201]

Im Betrachtungszeitraum 1956 bis 2015 kam es in Deutschland zu 6.958 Verfahren auf der Kommunalebene, wovon 3.491, also ca. 50 %, in Bürgerentscheiden mündeten.[202] „Die thematischen Schwerpunkte bildeten dabei Wirtschaftsprojekte mit 18,9 Prozent, öffentliche Sozial- und Bildungseinrichtungen mit 18,3 Prozent sowie Verkehrsprojekte mit 16,6 Prozent.“[203] Der überwiegende Anteil der Verfahren wurde durch Bürgerbegehren eingeleitet.[204] Nur fast ein Fünftel der Verfahren wurden durch einen Beschluss

---

[198] Vgl. Kost, A. (2013). S. 39.
[199] Vgl. Schiller, T. (2012). S. 200.
[200] Vgl. Schiller, T. (2012). S. 200
[201] Vgl. Schiller, T. (2012). S. 201.
[202] Vgl. Heyne, L. (2017). Direkte Demokratie auf Kommunal- und Länderebene in Deutschland: Die Beispiele Bayern und Hamburg. In Merkel, W./Ritzi, C. (Hrsg.) (2017). Die Legitimität direkter Demokratie. Wie demokratisch sind Volksabstimmungen? Wiesbaden: Springer VS. S. 177-192. zitiert: S. 177 (künftig zitiert: Heyne, L. 2017).
[203] Heyne, L. (2017). S. 177.
[204] Vgl. Heyne, L. (2017). S. 177.

des Gemeinderates auf den Weg gebracht.[205] Daraus lässt sich ablesen, dass es von hoher Wichtigkeit ist, dass direktdemokratische Verfahren wie Bürgerentscheide von der Bevölkerung selbst initiiert werden können.

Die Brauchbarkeit von Bürgerbegehren und Bürgerentscheiden sind laut *Andreas Kost* von den zugelassenen Gegenständen des Begehrens, dem Kreis der Antragsberechtigten, der mit dem Begehren verbundene benötigte Aufwand und die Bedeutung des Begehrens für die Entscheidungspraxis der Kommunalverwaltung abhängig.[206]

4.3.2 Direkte Demokratie auf Landesebene

Obwohl Elemente der direkten Demokratie in der Nachkriegszeit mit Misstrauen betrachtet wurden, wurden in den meisten Landesverfassungen direktdemokratische Instrumente wie das Volksbegehren und der Volksentscheid eingeführt und sogar „an hervorgehobenen Stellen in den Artikeln verankert."[207]

Einige Länder führten sogar die Möglichkeit einer Volksinitiative ein.[208] Mit Hilfe einer Volksinitiative kann „der Landtag aufgefordert werden, sich mit einer bestimmten Angelegenheit zu befassen."[209] Anders als bei Volksbegehren und Volksentscheiden ergibt sich aus einer Volksinitiative jedoch kein direkter Handlungszwang für den Landtag.[210] Weiterhin hängt die Zulässigkeit einer Volksinitiative von der Thematik ab.[211] Zugelassen sind nur Themen, die auch in der Entscheidungszuständigkeit des Landtages liegen.[212]

---

[205] Vgl. Heyne, L. (2017). S. 177.
[206] Vgl. Kost, A. (2013). S. 39.f
[207] Kost, A. (2013). S. 57.
[208] Vgl. Kost, A. (2013). S. 58.
[209] Decker et al. (2013). S. 56.
[210] Vgl. Kost, A. (2013). S. 60.
[211] Vgl. Kost, A. (2013). S. 58.
[212] Vgl. Kost, A. (2013). S. 58.

Jedoch kann eine gescheiterte Volksinitiative in ein Volksbegehren gewandelt werden.[213] Allerdings ist dies in Berlin, Bremen, Niedersachsen, Nordrhein-Westfalen, Sachsen-Anhalt und Thüringen bisher nicht möglich.[214]

Das Volksgesetzgebungsverfahren ist in den meisten Ländern in drei Stufen unterteilt.[215] Zunächst muss für das Volksbegehren eine vorgegebene Anzahl an Unterschriften gesammelt werden.[216] Die verschiedenen Bundesländer weisen hier große Unterschiede bezüglich der nötigen Anzahl an Unterschriften auf, um einen Antrag auf ein Volksbegehren zu stellen.[217] Während Baden-Württemberg ein Quorum von 10.000 Unterschriften, also ca. 0,1 % der Gesamtbevölkerung Baden-Württembergs, vorsieht, müssen in Hessen etwa 87.800 Menschen bzw. 2 % der Gesamtbevölkerung Hessens unterschreiben.[218]

Auch die Bedingungen an ein Volksbegehren sind in den verschiedenen Bundesländern sehr unterschiedlich. In Bayern müssen die Unterschriften innerhalb von 14 Tagen beim Amt geleistet werden, während es in Bremen eine Frist von 3 Monaten gibt und die Unterschriften auch frei auf der Straße gesammelt werden können.[219] Wenn die benötigte Anzahl an Unterschriften erreicht wurde, geht das Volksbegehren in einen Volksentscheid über.[220] Auch das Verfahren bei einem Volksentscheid ist von Bundesland zu Bundesland unterschiedlich geregelt.[221] Auch hier unterscheiden sich die Länder in der Anzahl der benötigten Unterschriften oder wie und bis wann diese zu erbringen sind.[222] Die direktdemokratischen Verfahren auf Landesebene werden jedoch nicht nur durch die Zahl der Unterschriften, die die

---

[213] Vgl. Kost, A. (2013). S. 60.
[214] Vgl. Kost, A. (2013). S. 60.
[215] Vgl. Decker et al. (2013). S. 56.
[216] Vgl. Decker et al. (2013). S. 56.
[217] Vgl. Schiller, T. (2012). S. 202.
[218] Vgl. Mehr Demokratie e.V. (o. J.). Volksbegehren in den Ländern. Verfahrensregelungen. Berlin: Mehr Demokratie e. V., URL: https://www.mehr-demokratie.de/themen/volksbegehren-in-den-laendern/verfahrensregelungen/ (aufgerufen am 26.05.2020) (künftig zitiert: Mehr Demokratie e.V. o. J.).
[219] Vgl. Mehr Demokratie e.V. (o. J.).
[220] Vgl. Decker et al. (2013). S. 56.
[221] Vgl. Mehr Demokratie e.V. (o. J.).
[222] Vgl. Kost, A. (2013). S. 61.

Initiatoren sammeln müssen und die dafür eingeräumten Fristen erschwert, sondern auch durch die Eingrenzung an erlaubten Themen beschränkt.[223]

Initiativen, die die sogenannte „Finanztrias" betreffen, sind in den Bundesländern nicht erlaubt.[224] Zur „Finanztrias" gehören die Themen Haushalt, Abgaben und Besoldung.[225] Diese Einschränkungen, die die direktdemokratischen Verfahren auf Landesebene deutlich einschränken, sind wahrscheinlich auch für die seltene Nutzung der Verfahren verantwortlich.

In den letzten Jahren wuchs die Zahl der direktdemokratischen Verfahren, die vonseiten der Bevölkerung initiiert wurden, an. So wurden 2018 siebzehn Verfahren eingeleitet, nachdem von 2012 bis 2017 jedes Jahr nur zwischen neun und dreizehn Verfahren angemeldet wurden.[226]

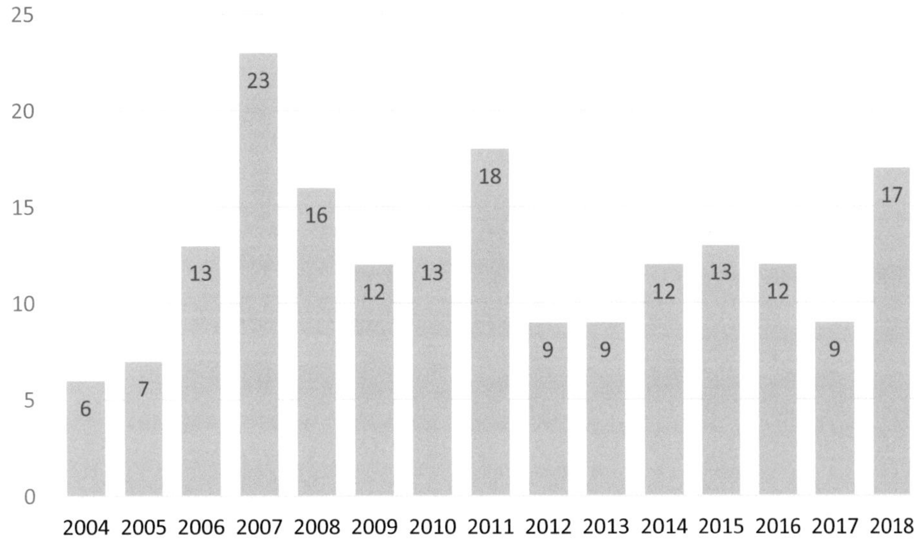

Abb. 1: Von der Bevölkerung neu eingeleitete direktdemokratische Verfahren von 2004 bis 2018.[227]

---

[223] Vgl. Decker et al. (2013). S. 56f.
[224] Vgl. Decker et al. (2013). S. 57.
[225] Vgl. Decker et al. (2013). S. 57.
[226] Mehr Demokratie e. V. (2018). Volksbegehrensbericht 2019. Berlin: Mehr Demokratie e. V., S. 14. URL: https://www.mehr-demokratie.de/fileadmin/pdf/Volksbegehrensbericht_2019.pdf (aufgerufen am 27.05.2020) (künftig zitiert: Mehr Demokratie e.V. 2018).
[227] Vgl. Mehr Demokratie e.V. (2018). S. 14.

Besonders deutlich wird die zunehmende Nutzung von direktdemokratischen Instrumenten aber, wenn die neu eingeleiteten Volksbegehren und fakultativen Referenden sowie Volkspetitionen im Zeitraum der letzten Jahrzehnte betrachtet werden. Die Ursachen für diesen Anstieg sind vielfältig. In den frühen 90er Jahren reformierten die Länder ihre Landesverfassungen was dazu führte, dass die direktdemokratischen Verfahren moderner und bürgerfreundlicher wurden.[228] Dazu kommt, dass die Quoren für Volksbegehren und Volksentscheide in den letzten Jahren herabgesetzt wurden.[229] Auch das wachsende Interesse der Bevölkerung, politische Verfahren zu beeinflussen, hat dafür gesorgt, dass die direktdemokratischen Instrumente mittlerweile viel häufiger zum Einsatz kommen.[230]

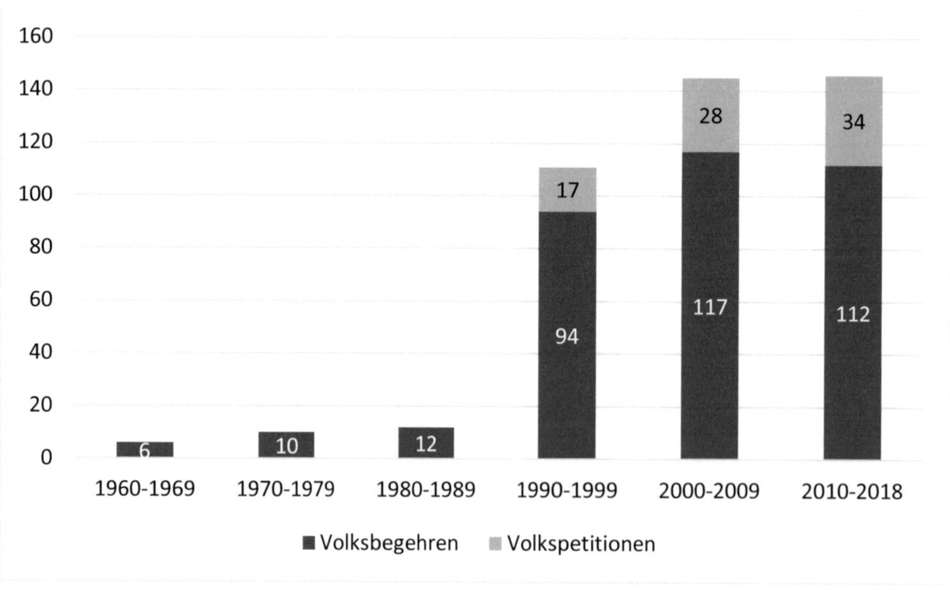

Abb. 2: Neu eingeleitete Volksbegehren und Volkspetitionen nach Jahrzehnten[231]

---

[228] Vgl. Mehr Demokratie e.V. (2018). S. 16.
[229] Vgl. Mehr Demokratie e.V. (2018). S. 16.
[230] Vgl. Mehr Demokratie e. V. (2018). S. 16.
[231] Vgl. Mehr Demokratie e. V. (2018). S. 15.

4.3.3 Direkte Demokratie auf Bundesebene

Die Bundesrepublik Deutschland ist eine nahezu rein repräsentative Demokratie.[232] Schon bei Gründung der Bundesrepublik wurden der Bevölkerung im Grundgesetz kaum direktdemokratische Rechte eingeräumt.[233] Begründet wurde dies mit den schlechten Erfahrungen, die man in der Vergangenheit mit diesen Instrumenten gesammelt hatte.[234] Man befürchtete damals, dass das Volk mit der Demokratie nicht umzugehen wisse oder sich von Demagogen beeinflussen ließe.[235] Des Weiteren ging man davon aus, dass das Volk keine rationalen Entscheidungen treffen könne, da es zu einer Emotionalisierung und Polarisierung desselbigen kommen könnte, wodurch begründete Argumente und logische Schlussfolgerungen keine Rolle mehr spielen würden.[236]

Obwohl Umfragen seit den 1980er Jahren den mehrheitlichen Wunsch der Bevölkerung nach mehr direkter Demokratie in Form von Volksentscheiden zeigen, konnten die strengen direktdemokratischen Verhältnisse auf bundespolitischer Ebene seit Gründung der Bundesrepublik nicht aufgelöst werden.[237] Die Mehrheit der Staatsrechtler vertritt die Meinung, dass „eine Verfassungsänderung zugunsten der Volksgesetzgebung durchaus möglich sei."[238]

Als Ausnahmen gelten die Artikel 29 und 146 des Grundgesetzes. In Art. 29 Abs. 2 GG ist die Neugliederung der Bundesländer, z. B. bei einer Fusion von Bundesländern oder einer Verschiebung der Grenzen zwischen Bundesländern, geregelt.[239] In einem solchen Fall ist nach Art. 29 Abs. 2 GG eine Bestätigung der Änderung durch einen Volksentscheid vorgesehen. Dabei sind nur die betroffenen Bundesländer anzuhören. Bisher wurde nur 1952 die Fusion der Bundeländer Baden, Württemberg-Baden und Württemberg-

---

[232] Vgl. Kost, A. (2013). S. 67.
[233] Vgl. Kost, A. (2013). S. 67.
[234] Vgl. Kost, A. (2013). S. 67.
[235] Vgl. Kost, A. (2013). S. 67.
[236] Vgl. Kost, A. (2013). S. 67.
[237] Vgl. Schiller, T. (2012). S. 203.
[238] Schiller, T. (2012). S. 203.
[239] Vgl. Kost, A. (2013). S. 67.

Hohenzollern zum Bundesland Baden-Württemberg nach einem erfolgreichen Volksentscheid durchgeführt.[240] 44 Jahre später scheiterte die Fusion der Bundesländer Berlin und Brandenburg an der notwendigen Mindestzustimmung von 25 %.[241] Während die Mehrheit der Berliner die Fusion befürwortete, wurde diese von den Brandenburgern mehrheitlich abgelehnt.[242]

Die fünf Bundesländer Mecklenburg-Vorpommern, Brandenburg, Thüringen, Sachsen-Anhalt und Sachsen, die aus der ehemaligen DDR hervorgegangen waren, wurden 1990 „durch Annahme des Grundgesetzes und durch (sic!) Einheitsvertrag in das Staatsgebiet der Bundesrepublik Deutschland aufgenommen.“[243] Die Aufnahme der Bundesländer fiel jedoch nicht unter die Definition einer Neugliederung nach dem Grundgesetz, weshalb eine Volksabstimmung aus juristischer Sicht nicht nötig war.[244]

Der Art. 146 GG regelt den besonderen Fall einer Verfassungsablösung. Wenn das deutsche Volk in freier Entscheidung eine Verfassung beschließt, verliert die geltende Verfassung, also das Grundgesetz, nach Art. 146 GG seine Gültigkeit. Daraus könnte man schließen, dass das Volk an einer neuen Verfassung grundsätzlich direkt zu beteiligen ist. Jedoch wird die Formulierung „von dem deutschen Volke in freier Entscheidung beschlossen“ im staatsrechtlichen Sinne so interpretiert, dass „auch eine repräsentativ geführte Entscheidung den freien Willen des Volkes zum Ausdruck bringen kann.“[245] Somit käme ein Volksentscheid in diesem Falle nicht in Betracht.

2002 brachten die damaligen Regierungsparteien SPD und Grüne einen Gesetzesentwurf, der eine Verfassungsänderung zugunsten von mehr direkter Demokratie vorsah, in den Bundestag.[246] Davor wurde schon 1994 von der gemeinsamen Verfassungskommission aus Bundestag und Bundesrat eine solche Verfassungsänderung mehrheitlich vorgeschlagen.[247] Die verfas-

---

[240] Vgl. Kost, A. (2013). S. 67f.
[241] Vgl. Kost, A. (2013). S. 67.
[242] Vgl. Kost, A, (2013). S. 67.
[243] Vgl. Kost, A. (2013). S. 67.
[244] Vgl. Kost, A. (2013). S. 67.
[245] Kost, A. (2013). S. 68.
[246] Vgl. Schiller, T. (2012). S. 203.
[247] Vgl. Schiller, T. (2012). S. 203.

sungsändernde Zwei-Drittel-Mehrheit wurde jedoch in beiden Fällen nicht erreicht, was vor allem in der ablehnenden Haltung der damals größten Fraktion im Bundestag, der CDU/CSU-Fraktion, begründet war.[248]

5 Krise der repräsentativen Demokratie in Deutschland

In der Einleitung wurde bereits angedeutet, dass immer häufiger behauptet wird, dass die Demokratie in einer Krise stecke. In diesem Abschnitt soll ermittelt werden, wie sich eine Demokratiekrise erkennen lässt und wie sich diese äußert. Des Weiteren soll untersucht werden, ob sich die Demokratie in Deutschland in einer Krise befindet und an welchen Merkmalen dies erkennbar ist.

Jürgen Habermas spricht von zwei Arten der politischen Krise, die sich unterscheiden lassen.[249] Nach *Habermas* sind dies die Legitimationskrise, die durch fehlende Legitimität der politischen Institutionen hervorgerufen wird, und die Rationalitätskrise, die aus der fehlenden Steuerungsfähigkeit des Staates resultiert.[250] Diese beiden Aspekte der politischen Krise können gemeinsam auftreten und sich auch gegenseitig verstärken.[251]

Volker Kronenberg und *Jakob Horneber* führen diesen Gedanken weiter und merken an, dass eine Akzeptanzkrise der demokratischen Institutionen auch eine Krise der Demokratie selbst induziert[252] Folglich würde eine Akzeptanzkrise von Institutionen, wie z. B. der Parteien des deutschen Bundestages, auch eine Krise der Demokratie in Deutschland bedeuten.

---

[248] Vgl. Schiller, T. (2012). S. 203.
[249] Vgl. Kronenberg, V./Horneber, J. (Hrsg.) (2019). Die repräsentative Demokratie in Anfechtung und Bewährung, Das „Wir" organisieren. Wiesbaden: Springer VS, S. 2. (künftig zitiert: Kronenberg, V./Horneber, J. 2019).
[250] Vgl. Kronenberg, V./Horneber, J. (2019). S. 2.
[251] Vgl. Kronenberg, V./Horneber, J. (2019). S. 2.
[252] Vgl. Kronenberg, V./Horneber, J. (2019). S. 2.

Besonders gesellschaftlich-politischen Akteuren, wie den Parteien, kommt in der repräsentativen Demokratie eine zentrale Rolle zu.[253] Sie tragen einen erheblichen Teil zur Akzeptanz der Demokratie in der Bevölkerung bei und können die Ursache einer Demokratiekrise sein.

Eine Studie des Marktforschungsinstituts YouGov in Zusammenarbeit mit dem Sinus-Institut ergab, dass 79 % der Deutschen die Demokratie für die beste Staatsform halten.[254] Weiterhin ging aus der Umfrage hervor, dass ca. 54 % der Befragten mit der tatsächlichen Demokratie in Deutschland zufrieden und ca. 40 % unzufrieden seien.[255] Die Befragten zeigten sich in diesem Zusammenhang vor allem mit den Partizipationsmöglichkeiten der Bürgerinnen und Bürger unzufrieden.[256] Ca. 66 % antworteten, dass zu wenige Mitbestimmungsmöglichkeiten für die Bevölkerung existierten.[257] Dies ergab eine repräsentative Studie, die vom 22. August bis zum 1. September 2019 durchgeführt wurde und bei der mehr als 2.020 Wahlberechtigte ab 18 Jahren befragt wurden.[258] Es fällt auf, dass die Demokratie in Deutschland einen mehrheitlich guten Ruf hat, während mit der tatsächlichen Demokratie in Deutschland jedoch nur knapp die Hälfte der Bürgerinnen und Bürger zufrieden ist.

Im Herbst 2019 gaben in einer Studie 63 % der Bürgerinnen und Bürger an, dass sie den politischen Parteien „eher nicht vertrauen".[259] Nur 31 % der Befragten sprachen den Parteien in Deutschland ihr Vertrauen aus. Bei Betrachtung der Vorjahre lässt sich jedoch erkennen, dass sich das Vertrauen der Bürgerinnen und Bürger ggü. den Parteien leicht positiv entwickelt hat.

---

[253] Vgl. Kronenberg, V./Horneber, J. (2019). S. 8.

[254] Vgl. Zeit Online (Hrsg.) (2019). Mehr als die Hälfte der Deutschen sieht die Demokratie in Gefahr. Hamburg: Zeit Online. URL: https://www.zeit.de/gesellschaft/zeitgeschehen/2019-09/umfrage-demokratie-gefahr-deutschland-angst-yougov (aufgerufen 29.04.2020) (künftig zitiert: Zeit Online 2019).

[255] Vgl. Zeit Online (2019).

[256] Vgl. Zeit Online (2019).

[257] Vgl. Zeit Online (2019).

[258] Vgl. Zeit Online (2019).

[259] Vgl. European Commission (2019). Wie sehr vertrauen Sie den politischen Parteien?. Hamburg: Statista GmbH. URL: https://de.statista.com/statistik/daten/studie/153820/umfrage/allgemeines-vertrauen-in-die-parteien/ (aufgerufen am 30.04.2020) (künftig zitiert European Commission 2019).

So antworteten im Herbst 2016 noch 72 % der Befragten, dass sie den politischen Parteien „eher nicht vertrauen."[260]

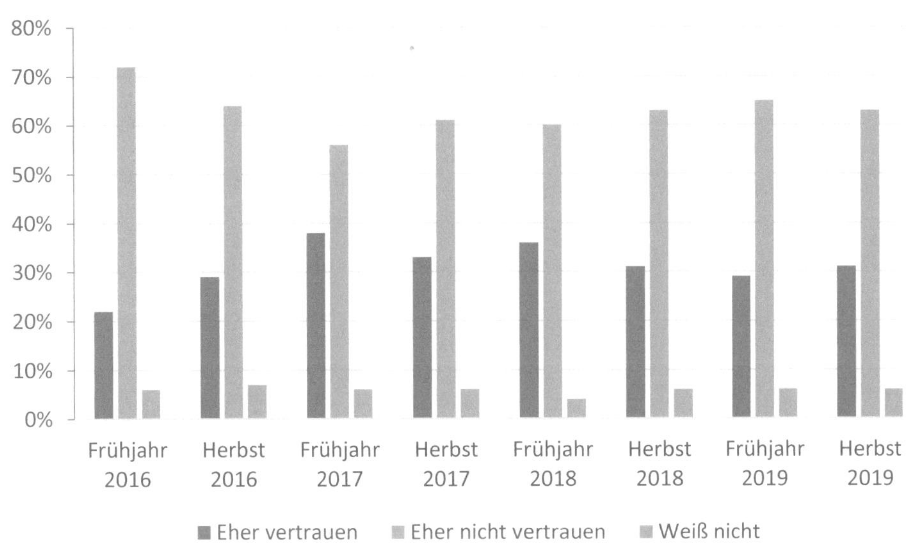

Abb. 3: Vertrauen in die politischen Parteien Deutschlands in Prozent[261]

Jedoch ändert auch dieser leichte Anstieg der letzten Jahre nichts daran, dass der Bevölkerung das Vertrauen in die politischen Parteien Deutschlands fehlt. Das fehlende Vertrauen der Bevölkerung in die Parteien spiegelt sich auch in den Mitgliedszahlen wider. So verloren die Parteien zwischen 1990 und 2018 ca. 20 % bis 50 % ihrer Mitglieder.[262] Die Grünen sind die einzige Partei, die seit ihrer Gründung einen stetigen Zuwachs an Mitgliederinnen und Mitgliedern erfahren hat.[263] Die CDU verlor zwischen 1990 und 2018 374.704 Mitgliederinnen und Mitglieder.[264] Die Mitgliedszahlen der

---

[260] Vgl. European Commission (2019).
[261] Vgl. European Commission (2019).
[262] Vgl. Niedermayer, O. (2019). Parteimitglieder in Deutschland: Version 2019, Arbeitshefte aus dem Otto-Stammer-Zentrum, Nr. 30. Berlin: Freie Universität Berlin. S. 6. URL: https://www.polsoz.fu-ber-lin.de/polwiss/forschung/systeme/empsoz/team/ehemalige/Publikationen/schriften/Arbeitshefte/Arbeitsheft-Nr-30_2019.pdf (aufgerufen am 20.05.2020) (künftig zitiert: Niedermayer, O. 2019).
[263] Vgl. Niedermayer, O. (2019).
[264] Vgl. Niedermayer, O. (2019).

SPD entwickelten sich in diesem Zeitraum ähnlich.[265] So sanken die Mitgliedszahlen der SPD von 943.402 Mitgliederinnen und Mitgliedern 1990 auf noch 437.754 Mitgliederinnen und Mitgliedern 2018.[266] Es ist erkennbar, dass besonders die sog. Volksparteien unter dem Mitgliedsschwund leiden.

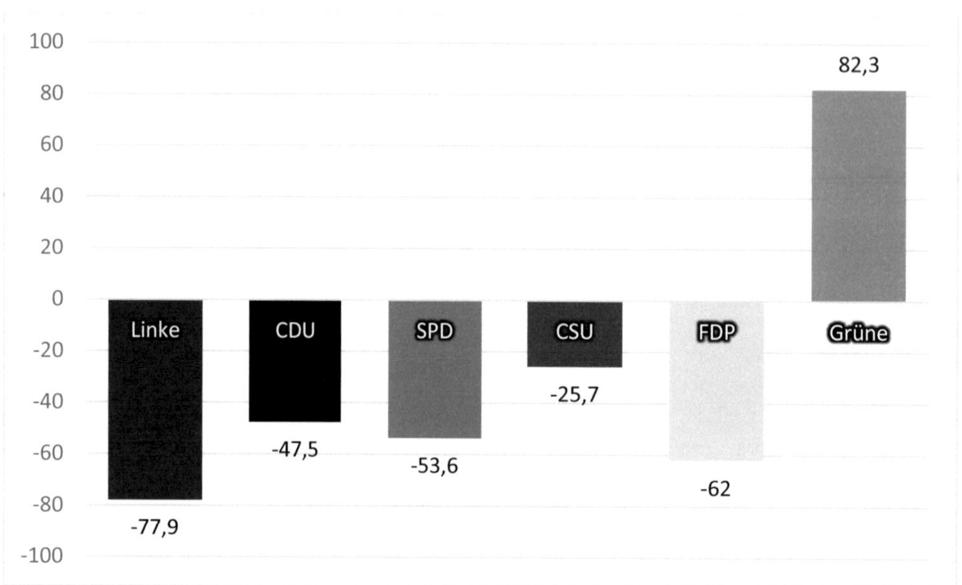

Abb. 4: Entwicklung der Parteimitgliedschaften zwischen 1990 und 2018 in Prozent[267]

Auch die Ergebnisse der Bundestagswahlen deuten auf eine Krise der Volksparteien hin. SPD und CDU erreichten bei den Bundestagswahlen von 1990 bis 2002 zusammengerechnet Ergebnisse von ca. 77 %.[268] Im Vergleich dazu erreichten die beiden Parteien bei der Bundestagswahl 2017 nur noch ein zusammengerechnetes Ergebnis von 53,4 %.[269]

---

[265] Vgl. Niedermayer, O. (2019).
[266] Vgl. Niedermayer, O. (2019).
[267] Vgl. Niedermayer, O. (2019).
[268] Vgl. Bundeswahlleiter (2017). Ergebnisse der Volksparteien CDU/CSU und SPD bei den Bundestagswahlen von 1990 bis 2017 (Zweitstimmen). Hamburg: Statista GmbH. URL: https://de.statista.com/statistik/daten/studie/38130/umfrage/ergebnisse-der-volksparteien-bei-den-bundestagswahlen-seit-1990/ (aufgerufen am 30.04.2020) (künftig zitiert Bundeswahlleiter 2017).
[269] Vgl. Bundeswahlleiter (2017).

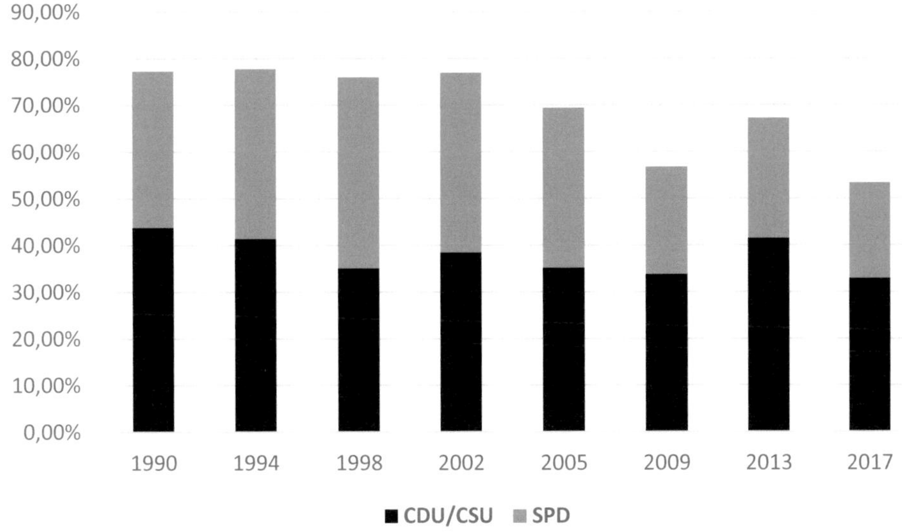

Abb. 5: Ergebnisse der Volksparteien CDU/CSU und SPD bei den Bundestagswahlen von 1990 bis 2017 in Prozent[270]

Aus diesen strukturellen Entwicklungen der letzten Jahre lässt sich eine zunehmende Entfremdung der zuvor in der breiten Bevölkerung verankerten Parteien herauslesen.[271] *Kronenberg* und *Horneber* werfen den Parteien vor, „programmatisch zunehmend austauschbar und beliebig"[272] zu sein. Eine weitere Folge dieser Entwicklung ist nach *Kronenberg* und *Horneber* der Aufstieg populistischer Parteien.[273] Diese seien Ausdruck „einer wachsenden Unzufriedenheit und eines grundlegenden Misstrauens etablierten politischen Kräften gegenüber durch einen bedeutenden Teil der Bevölkerung."[274] Des Weiteren kommen *Kronenberg* und *Horneber* zu dem Schluss, dass die fundamentale Herausforderung der modernen parlamentarischen Demokratie, „die adäquate Berücksichtigung und Austarierung der heterogenen [...] Interessen der Bevölkerung"[275], immer schwieriger gelinge, da sich die Interessen und Anliegen der Bevölkerung deutlich schneller wan-

---

[270] Vgl. Bundeswahlleiter (2017).
[271] Vgl. Kronenberg, V./Horneber, J. (2019). S. 8.
[272] Kronenberg, V./Horneber, J. (2019). S. 8.
[273] Vgl. Kronenberg, V./Horneber, J. (2019). S. 8.
[274] Kronenberg, V./Horneber, J. (2019). S. 8.
[275] Kronenberg, V./Horneber, J. (2019). S. 9.

deln und stärker voneinander abweichen.[276] Die Parteien schafften es jedoch nicht, die sich wandelnden Interessen der Bürgerschaft zu repräsentieren. Aus dem Scheitern der Parteien an dieser fundamentalen Herausforderung der modernen parlamentarischen Demokratie lässt sich folgern, dass „die mögliche Krise der repräsentativen Demokratie in erster Linie eine Krise der Parteien"[277] ist.

Ein weiteres Problem, dass an der Repräsentativität der deutschen Demokratie zweifeln lässt, ist der Einfluss den Bildung, der soziale Status und die durchschnittliche Kaufkraft des Haushaltes auf die Wahlbeteiligung haben. Die Bertelsmann Stiftung konnte in einer Studie einen klaren Zusammenhang zwischen den genannten Faktoren und der Wahlbeteiligung feststellen.[278] Diese kam zu dem Ergebnis, dass die Wahlbeteiligung geringer ausfällt, wenn mehr Haushalte in einem Stadtviertel dem prekären Milieu angehören.[279] Im Gegensatz dazu fiel die Wahlbeteiligung höher aus, wenn der Anteil der Haushalte, die zum liberal-intellektuellen Milieu gehören, in einem Stadtviertel größer war.[280] Folglich ist festzustellen, dass eine niedrige Wahlbeteiligung häufig in Korrelation zu einer prekären Lebenssituation steht.[281]

Dadurch, dass sie seltener wählen gehen als andere Schichten, haben weniger privilegierte Schichten einen schwächeren Einfluss auf Wahlergebnisse als andere Schichten. Dies kann dazu führen, dass Parteien die Interessen dieser Schicht seltener in ihren Wahlprogrammen berücksichtigen. Diese Prozesse verstärken sich gegenseitig, da eine geringere Repräsentation der

---

[276] Vgl. Kronenberg, V./Horneber, J. (2019). S. 8f.

[277] Kronenberg, V./Horneber, J. (2019). S. 9.

[278] Vgl. Schäfer, A./Vehrkamp, R./ Gagné J. (Hrsg.) (2013). Prekäre Wahlen. Gütersloh: Bertelsmann Stiftung. S. 10. URL: https://www.bertelsmann-stif-tung.de/fileadmin/files/BSt/Publikationen/GrauePublikationen/GP_Prekaere_Wahlen.pdf (aufgerufen am 02.05.2020) (zukünftig zitiert Schäfer et al. 2013).

[279] Schäfer et al. (2013) S. 10.

[280] Vgl. Schäfer et al. (2013). S. 11.

[281] Vgl. Schäfer et al. (2013). S. 10.

weniger privilegierten Schichten wiederum dazu führt, dass sich diese frustriert vom politischen System abwendet.[282]

Hinzu kommt noch, dass Parteien höhere Bevölkerungsschichten ideologisch besser vertreten, was vermutlich in der sozialen Herkunft der Entscheidungsträger bedingt ist.[283] Des Weiteren kongruieren die politischen Einstellungen der Politikerinnen und Politiker stärker mit den Einstellungen der Bürgerinnen und Bürger mit höherem Bildungsstand als mit den Einstellungen der Bürgerinnen und Bürger mit niedrigerem Bildungsstand.[284]

Hier muss die Rolle, welche Parteien und Politikerinnen und Politiker in der repräsentativen Demokratie spielen, genauer beleuchtet werden. Diese sollen die Bevölkerung und die verschiedenen Interessen dieser im politischen Diskurs möglichst genau widerspiegeln. „Ein funktionierender, die Anerkennung des repräsentativ-demokratischen Systems stützender, politischer Diskurs lebt davon, dass er die Berücksichtigung der Interessen aller ermöglicht."[285] Politikerinnen und Politiker sowie Parteien handeln durch ihren stärkeren Fokus auf die Interessen bestimmter Bevölkerungsschichten somit entgegen ihrer eigentlichen Aufgabe. Dadurch sinkt folglich die Repräsentativität ihrer Entscheidungen. Die repräsentative Demokratie, die zum Zweck hat die gesamte Bevölkerung gleichermaßen zu vertreten, verfehlt ihren eigentlichen Zweck.

Den aufgezeigten Umfrageergebnissen und Statistiken über die derzeitige Lage der repräsentativen Demokratie in Deutschland steht die sehr hohe Position Deutschlands im Demokratiebarometer gegenüber. Das Demokratiebarometer ist ein Demokratieindex, der „die feinen Unterschiede in der Qualität von etablierten Demokratien messen und analysieren"[286] soll. Bei der Analyse einer Demokratie soll der Gegenstand der Demokratie aus libe-

---

[282] Vgl. Kronenberg, V./ Horneber, J. (2019). S. 9.
[283] Vgl. Kronenberg, V./ Horneber, J. (2019). S. 9.
[284] Vgl. Kronenberg, V./Horneber, J. (2019). S. 9.
[285] Kronenberg, V./Horneber, J. (2019). S. 9.
[286] University of Zurich (Hrsg.) (o. J.). Konzept. Zürich. URL: http://www.democracybarometer.org/concept_de.html (aufgerufen am 02.05.2020) (künftig zitiert University of Zurich o. J.).

ralen und partizipatorischen Perspektiven beleuchtet werden.[287] Die drei Hauptkomponenten „Gleichheit", „Freiheit" und „Kontrolle" werden bewertet, wodurch dann die Qualität einer Demokratie bestimmt werden kann.[288] Deutschland erreichte dabei Rang 11 von 30 Demokratien.[289] Aus diesen Untersuchungen lässt sich nicht darauf schließen, dass sich die Demokratie in Deutschland in einer Krise befindet. Jedoch zeigten die oben genannten Umfrageergebnisse zur Zufriedenheit der Deutschen mit der Demokratie in Deutschland, dass die Bürgerinnen und Bürger die Qualität der Demokratie in Deutschland anders bewerten.

Es ist festzustellen, dass sich in Deutschland besonders die repräsentativen Institutionen wie Parteien sowie Politikerinnen und Politiker in einer Krise befinden. Dafür sprechen die sinkenden Mitgliederzahlen der Parteien, das niedrige Vertrauen in die Parteien und die fehlende Repräsentation bestimmter sozialer Schichten. Da die Bevölkerung die Demokratie jedoch weiterhin mehrheitlich für die bestmögliche Staatsform hält, ist festzustellen, dass sich nicht die Demokratie als Ganzes, sondern deren repräsentative Institutionen sich in einer Krise befinden. Folglich befindet sich die repräsentative Demokratie der Bundesrepublik in einer Krise.

6 Direkte Demokratie in der europäischen Praxis

Nachdem die direktdemokratischen Instrumente der Bundesrepublik bereits vorgestellt wurden, werden im nächsten Abschnitt die direktdemokratischen Instrumente anderer kontinentaleuropäischer Staaten betrachtet. Dabei wird die Schweiz genauer analysiert.

Die Schweiz besitzt repräsentative Elemente, wie die Bundesrepublik, ermöglicht ihrer Bevölkerung jedoch, durch mehrere direktdemokratische

---

[287] Vgl. University of Zurich (o. J.).
[288] Vgl. University of Zurich (o. J.).
[289] Vgl. Bühlmann, M/Merkel, W./Müller, L/Giebler, H/Wessels, B. (2011). Democracybarometer: Methodology. Aarau: Zentrum für Demokratie. URL: http://www.democracybarometer.org/Images/Methodical_Explanatory_Note_JAN_2011.pdf (aufgerufen am 02.05.2020) (künftig zitiert Bühlmann et al. 2011).

Instrumente Einfluss auf die politischen Prozesse zu nehmen. Außerdem wird die Schweiz von Befürwortern der direkten Demokratie gerne als Beispiel für eine funktionierende direkte Demokratie genannt.

Des Weiteren werden noch Beispiele aus den Niederlanden und Irland aufgezeigt. Niederlande und Irland wurden als Beispiel ausgewählt, da beide Länder, wie die Bundesrepublik, nahezu ausschließlich repräsentative Demokratien sind. In beiden Ländern wurden vom Parlament Bürgerversammlungen, die über ein oder mehrere Themen beraten und dem Parlament ggü. eine Empfehlung abgeben sollten, organisiert. Diese Versammlungen wurden in beiden Ländern sehr unterschiedlich durchgeführt, weshalb hier beide Herangehensweisen aufgeführt werden.

6.1 Direkte Demokratie in der Schweiz

Die Schweiz wird gerne erwähnt, wenn es um direkte Demokratie geht. Dabei ist die Schweiz jedoch nicht rein direktdemokratisch. Viel eher ist das politische System der Schweiz als eine Mischform aus repräsentativer und direkter Demokratie verstehen.[290] Die Schweizer Bevölkerung stimmt viermal im Jahr über Gesetzesvorlagen oder Verfassungsänderungen auf Bundesebene und über Entscheide auf Kantons- und Gemeindeebene ab.[291]

In der schweizerischen Verfassung sind obligatorische Referenden, fakultative Referenden und Volksinitiativen auf Bundesebene vorgesehen.[292]

Zu einem obligatorischen Referendum kommt es in der Schweiz, wenn eine Vorlage zur Änderung der Bundesverfassung, zum Beitritt zu supranationalen Gemeinschaften oder zu Organisationen für kollektive Sicherheit das Parlament passiert hat.[293] Damit eine solche Vorlage angenommen wird, ist

---

[290] Vgl. Mayer, C. (2017). Direkte Demokratie in der Schweiz. In Merkel, W./Ritzi, C. (Hrsg.) (2017). Die Legitimität direkter Demokratie. Wie demokratisch sind Volksabstimmungen?. Wiesbaden: Springer VS. S. 51-72. zitiert: S. 51 (künftig zitiert: Mayer, C. 2017).
[291] Vgl. Mayer, C. (2017). S. 51.
[292] Vgl. Mayer, C. (2017). S. 51.
[293] Vgl. Mayer, C. (2017). S. 52.

eine doppelte Mehrheit erforderlich.[294] Das bedeutet, dass zu der bundesweiten Stimmmehrheit, die auch Volksmehr genannt wird, eine Stimmmehrheit in mehr als der Hälfte der Kantone, die sog. Ständemehr, hinzukommen muss.[295] Dabei existiert in der Schweiz beim obligatorischen Referendum, wie auch bei allen anderen Abstimmungsformen kein Zustimmungsquorum.[296] Somit muss in der Schweiz zwar keine Hürde in Form eins Quorums überwunden werden, jedoch stellt die benötigte doppelte Mehrheit eine beachtliche Hürde dar. Durch diese doppelte Mehrheit ist der Fall, dass eine bedeutsame politische Entscheidung mit einer Mehrheit von nur 50,1 % der abstimmenden Bevölkerung bestätigt wird, kaum möglich.[297] Es ist davon auszugehen, dass die Notwendigkeit der doppelten Mehrheit einer der Hauptgründe für die weit über der 50-Prozent-Marke liegenden durchschnittlichen Zustimmungsquoten in den letzten Jahren ist.[298] Die obligatorischen Referenden können nicht nur auf Bundes-, sondern auch auf Kantons- und Kommunalebene stattfinden.[299] Dies kann zum Beispiel bei Verfassungsänderungen auf Kantons- oder Kommunalebene der Fall sein.[300]

Fakultative Referenden können in der Schweiz von der Bevölkerung initiiert werden, um über parlamentarische Vorlagen abzustimmen.[301] In Ausnahmefällen kann die Initiation auch von einem Kanton ausgehen.[302] Anders als beim obligatorischen existiert beim fakultativen Referendum in der Schweiz ein Unterschriftenquorum.[303] Nachdem das Parlament ein Gesetz, eine Gesetzesänderung oder einen Beschluss erlassen hat, müssen innerhalb von 100 Tagen 50.000 Unterschriften, das entspricht etwa 0,5 % der Gesamtbevölkerung, gesammelt werden, damit über die Vorlage abgestimmt werden kann.[304] Um die Vorlage anzunehmen oder zu kippen, wird eine einfache

---

[294] Vgl. Mayer, C. (2017). S. 52.
[295] Vgl. Mayer, C. (2017). S. 52.
[296] Vgl. Mayer, C. (2017). S. 52.
[297] Vgl. Mayer, C. (2017). S. 52.
[298] Vgl. Mayer, C. (2017). S. 52.
[299] Vgl. Mayer, C. (2017). S. 52.
[300] Vgl. Mayer, C. (2017). S. 52.
[301] Vgl. Mayer, C. (2017). S. 52.
[302] Vgl. Mayer, C. (2017). S. 52.
[303] Vgl. Mayer, C. (2017). S. 52.
[304] Vgl. Mayer, C. (2017). S. 52.

Stimmmehrheit benötigt.[305] Bei beiden Referenden wird über Gesetze, die noch nicht in Kraft getreten sind, abgestimmt.[306]

Die in der Schweiz am häufigsten genutzte Form direkter Demokratie ist die Volksinitiative.[307] Volksinitiativen können in der Schweiz von allen stimmberechtigten Bürgerinnen und Bürgern, von Organisationen oder Verbänden initiiert werden.[308] Der Änderungsvorschlag der Stimmbevölkerung muss dabei verfassungskonform und mit internationalem Recht vereinbar sein.[309] Zu den Möglichkeiten des Änderungsvorschlages gehört es die Schweizer Verfassung aufzuheben oder eine Teilrevision zu verlangen.[310] Für eine bundesweite Volksinitiative werden in der Schweiz 100.000 Unterschriften innerhalb einer Frist von 18 Monaten benötigt.[311] Nachdem das Unterschriftenquorum erreicht wurde, erfolgt die parlamentarische Prüfung, woraufhin dann über eine Vorlage oder einen von der Bundesversammlung vorgelegten Gegenentwurf abgestimmt wird.[312] Die Vorlagen bedürfen, wenn sie mittels Volksinitiative zur Abstimmung gestellt wurden, der doppelten Mehrheit aus Volks- und Ständemehr.[313]

6.2 Direkte Demokratie in den Niederlanden

In den Niederlanden setzte sich die Partei „Democraten 66" mehrere Jahre lang für eine Verbesserung des derzeitigen Wahlsystems ein.[314] Die D66 nahm 2003 an den Regierungsverhandlungen teil und überzeugte die Koalitionspartner von der Gründung des „Burgerforum Kiesstelsel", was übersetzt „Bürgerforum Wahlsystem" bedeutet.[315] Im März 2006 wurde das

---

[305] Vgl. Mayer, C. (2017). S. 52.
[306] Vgl. Mayer, C. (2017). S. 52.
[307] Vgl. Mayer, C. (2017). S. 53.
[308] Vgl. Mayer, C. (2017). S. 53.
[309] Vgl. Mayer, C. (2017). S. 53.
[310] Vgl. Mayer, C. (2017). S. 53.
[311] Vgl. Mayer, C. (2017). S. 53.
[312] Vgl. Mayer, C. (2017). S. 53.
[313] Vgl. Mayer, C. (2017). S. 53.
[314] Vgl. Van Reybrouck, D. (2019). Gegen Wahlen, Warum Abstimmen nicht demokratisch ist. 6. Auflage. Göttingen: Wallstein Verlag. S. 125. (künftig zitiert: Van Reybrouck, D. 2019).
[315] Vgl. Van Reybrouck, D. (2019). S. 125.

Bürgerforum dann gegründet und mit der Aufgabe betraut, „Vorschläge hinsichtlich einer Modifikation bzw. Neufassung des Wahlrechts zu erarbeiten."[316] Dabei sollten verschiedene Wahlsysteme verglichen werden, um eine Alternative zu verfassen.[317]

An dem Bürgerforum sollten 140 zufällig ausgewählte Bürgerinnen und Bürger der Niederlande teilnehmen.[318] Die Bürgerinnen und Bürger wurden dabei in drei Schritten ausgewählt: Zuerst wurden Personen anhand des Zufallsprinzips aus dem Wählerverzeichnis ausgelost.[319] Die ausgelosten Bürgerinnen und Bürger bekamen dann einen Einladungsbrief zu einer Informationsveranstaltung.[320] Interessierte konnten an der Informationsveranstaltung teilnehmen und wurden dort über den geplanten Ablauf des Bürgerforums aufgeklärt.[321] Sollte Interesse zur Teilnahme an dem Bürgerforum existieren, konnten die Interessenten für die nächste Stufe kandidieren.[322] Aus dem Pool der Kandidatinnen und Kandidaten wurden dann 140 Bürgerinnen und Bürger ausgelost, wobei darauf geachtet wurde, dass ein möglichst gleichmäßiges Verhältnis zwischen den Faktoren Alter, Geschlecht, soziale Herkunft und anderen Faktoren besteht.[323]

Die Beratungen des Bürgerforums fanden an 10 Wochenenden an drei verschiedenen Orten in einem Zeitraum abhängig vom Standort zwischen neun bis zwölf Monaten statt.[324] Die Kosten, die durch die Teilnahme am Bürgerforum entstanden, beliefen sich auf ca. 400 € pro Wochenende und waren von den Teilnehmerinnen und Teilnehmern zu tragen.[325]

Der Beratungsprozess fand in drei Phasen statt: Zuerst konnten die Teilnehmerinnen und Teilnehmer sich durch Schulungsmaterial und Expertin-

---

[316] Vgl. Wilp, M. (Hrsg.) (2012). Das politische System der Niederlande, Eine Einführung. Wiesbaden: Springer VS. S. 173. (künftig zitiert: Wilp, M. 2012).
[317] Vgl. Wilp, M. (2012). S. 173.
[318] Vgl. Wilp, M. (2012). S. 173.
[319] Vgl. Van Reybrouck, D. (2019). S. 125f.
[320] Vgl. Van Reybrouck, D. (2019). S. 126.
[321] Vgl. Van Reybrouck, D. (2019). S. 126.
[322] Vgl. Van Reybrouck, D. (2019). S. 126.
[323] Vgl. Van Reybrouck, D. (2019). S. 126.
[324] Vgl. Van Reybrouck, D. (2019). S. 122.
[325] Vgl. Van Reybrouck, D. (2019). S. 122.

nen und Experten, die zur Verfügung gestellt wurden, über das Thema informieren.[326] In der zweiten Phase kamen die Bürgerinnen und Bürger mit anderen Bürgerinnen und Bürgern zusammen und diskutierten mit diesen über verschiedene Möglichkeiten der Wahlreform.[327] In der letzten Phase verfassten die Teilnehmerinnen und Teilnehmer einen gemeinsamen Vorschlag, der die Probleme des alten Wahlgesetzes beheben sollte.[328]

Das Bürgerforum stellte in seinem Ergebnis vor allem die Notwendigkeit eines neuen Wahlgesetzes heraus.[329] Dieses Ergebnis begründete die Bürgerversammlung mit den fehlenden Möglichkeiten der Volksvertreterinnen oder Volksvertreter, die Interessen und Wünsche der eigenen Wählerschaft angemessen umsetzen zu können, wodurch das Repräsentativitätsgefühl von großen Wählergruppen schwinden würde.[330] Die Wahlberechtigten sollten dem Ergebnis der Bürgerversammlung nach in Zukunft „ihre Stimme entweder allgemein für eine Partei oder für eine Person auf der Liste einer Partei abgeben können."[331] Dies würde dazu führen, dass Wählerinnen und Wähler an Einfluss und Wahlfreiheit gewinnen würden und die zur Wahl stehenden Kandidatinnen und Kandidaten über eine direkte Legitimation durch die Wählerschaft verfügen würden, wenn man zeitgleich auch die Präferenzstimmenregelung abschaffen würde.[332]

Die niederländische Regierung äußerte sich im April 2008 erstmals zu den Ergebnissen des Bürgerforums und lehnte die Vorschläge dessen ab.[333] Begründet wurde die Entscheidung mit dem Argument, das sich der durch die Reform ansteigende Einfluss der Wählerinnen und Wähler negativ auf die Parteien auswirken würde.[334] Des Weiteren fürchtete die Regierung, dass durch die Änderungen die innerparteiliche Konkurrenz ansteigen könnte

---

[326] Vgl. Van Reybrouck, D. (2019). S. 126.
[327] Vgl. Van Reybrouck, D. (2019). S. 126.
[328] Vgl. Van Reybrouck, D. (2019). S. 126.
[329] Vgl. Wilp, M. (2012). S. 173.
[330] Vgl. Wilp, M. (2012). S. 173.
[331] Wilp, M. (2012). S. 173.
[332] Vgl. Wilp, M. (2012). S. 173.
[333] Vgl. Wilp, M. (2012). S. 173.
[334] Vgl. Wilp, M. (2012). S. 173.

und die Parteien dadurch an Stabilität einbüßen könnten.[335] Danach wurden die Ideen des Bürgerforums nicht weiter diskutiert.[336] Bis heute wurden auch keine Pläne oder Anzeichen für das Stattfinden eines neuen Bürgerforums deutlich.[337]

6.3 Direkte Demokratie in Irland

In Irland startete 2013 die „Convention on the Constitution". Die Convention basierte dabei auf dem „We the Citizens"-Projekt des University College Dublins.[338] Innerhalb der Convention sollte innerhalb eines Jahres über gleichgeschlechtliche Ehe, die Rechte der Frau oder das Verbot der Blasphemie in der irischen Verfassung gesprochen werden.[339] Dafür wurden 66 Bürgerinnen und Bürger aus der Republik Irland und aus Nordirland, sowie 33 Politikerinnen und Politiker der beiden Länder zusammengebracht.[340] Zusätzlich wurde noch ein unabhängiger Vorsitzender ernannt.[341] Von den 33 Politikerinnen und Politikern waren vier aus Nordirland.[342] Die Bürgerinnen und Bürger wurden mittels Losverfahren ausgewählt.[343] Das Losverfahren wurde von einem unabhängigen Forschungsinstitut durchgeführt.[344] Dabei wurden das Alter, das Geschlecht, der Wohnort und die soziale Klasse bei der Auswahl der Personen berücksichtigt, sodass eine sehr diverse Gruppe zustande kam.[345] Diese Gruppe an Bürgerinnen und Bürgern sowie der 33 Politikerinnen und Politiker sollte dann ein Jahr lang über die eben genannten Themen diskutieren.[346]

---

[335] Vgl. Wilp, M. (2012). S. 173f.
[336] Vgl. Wilp, M. (2012). S. 173.
[337] Vgl. Van Reybrouck, D. (2019). S. 125.
[338] Vgl. Van Reybrouck, D. (2019). S. 133f.
[339] Vgl. Van Reybrouck, D. (2019). S. 134.
[340] Vgl. Van Reybrouck, D. (2019). S. 133.
[341] Vgl. Arnold, T. (2014). Inside the Convention on the Constitution. Dublin: The Irish Times. URL: https://www.irishtimes.com/news/politics/inside-the-convention-on-the-constitution-1.1744924 (aufgerufen am 30.05.2020) (künftig zitiert: Arnold, T. 2014).
[342] Vgl. Arnold, T. (2014).
[343] Vgl. Van Reybrouck, D. (2019). S. 133.
[344] Vgl. Van Reybrouck, D. (2019). S. 134.
[345] Vgl. Arnold, T. (2014).
[346] Vgl. Van Reybrouck, D. (2019). S. 134.

Das irische Parlament gab der Versammlung per Beschluss acht Themen vor.[347] Diese Themen sollten nicht nur bearbeitet und überprüft werden, sondern es sollten auch Berichte und abschließend eine Handlungsempfehlung gefertigt werden.[348] Des Weiteren konnte die Versammlung Probleme, die sie selbst als relevant erachtete und die die irische Verfassung betrafen, auswählen und behandeln.[349] Der Zeitraum von einem Jahr wurde zwei Treffen bis Februar 2014 verlängert.[350] Die Beschlüsse der Convention hatten keine Gesetzeskraft.[351] Die Empfehlungen mussten beide Kammern des irischen Parlaments passieren, worauf dann die Regierung über die Empfehlung entscheiden konnte.[352] Jedoch sah der Beschluss des Parlaments vor, dass die Regierung auf jede Empfehlung der Versammlung innerhalb von vier Monaten zu reagieren hatte.[353] Wenn die Regierung einen der Vorschläge akzeptierte, musste sie laut Beschluss auch den Zeitraum angeben, in dem ein das Thema betreffendes Referendum stattfinden solle.[354]

Die Versammlung traf sich an insgesamt zehn Wochenenden jeweils anderthalb Tage lang.[355] Dabei wurden alle Kosten, die aufgrund der Versammlung für die Personen anfielen, vergütet.[356] Die Treffen bestanden aus einer Präsentation von Expertinnen und Experten, deren Ergebnisse vorher an die Teilnehmerinnen und Teilnehmer verteilt worden waren, einer Debatte zwischen zwei Gruppen mit auseinandergehenden Meinungen und einer Diskussion am „Runden Tisch“, an der auch Moderatorinnen und Moderatoren sowie Protokollschreiberinnen und -schreiber teilnahmen.[357] Am Sonntagmorgen konnten die Teilnehmerinnen und Teilnehmer über die Diskussi-

---

[347] Vgl. Arnold, T. (2014).
[348] Vgl. Arnold, T. (2014).
[349] Vgl. Arnold, T. (2014).
[350] Vgl. Arnold, T. (2014).
[351] Vgl. Van Reybrouck, D. (2019). S. 134
[352] Vgl. Van Reybrouck, D. (2019). S. 134
[353] Vgl. Arnold, T. (2014).
[354] Vgl. Arnold, T. (2014).
[355] Vgl. Arnold, T. (2014).
[356] Vgl. Van Reybrouck, D. (2019). S. 123.
[357] Vgl. Arnold, T. (2014).

on des Vortages reflektieren und anschließend per Stimmzettel über das Thema abstimmen.[358]

Die Versammlung brachte insgesamt neun Berichte hervor und machte 38 Änderungsvorschläge, von denen 18 eine Änderung der Verfassung benötigt hätten.[359] Die irische Regierung führte Referenden zur Senkung des Wahlalters auf 16 Jahre, zur Reduzierung des Alters, ab dem man für das Amt des Präsidenten kandidieren darf, und zur Einführung der gleichgeschlechtlichen Ehe durch.[360]

Die Einführung der gleichgeschlechtliche Ehe war über mehrere Jahre ein sehr kontroverses und viel diskutiertes Thema im überwiegend katholischen Irland.[361] Die Constitutional Convention sprach sich 2013 mit 79 % für die Einführung der gleichgeschlechtlichen Ehe aus und schlug der irischen Regierung vor, die Verfassung dahingehend zu verändern.[362] Am 22. Mai 2015 stimmten 62 % der Iren in einem nationalen Referendum einer Verfassungsänderung zu, die die Einführung der gleichgeschlechtlichen Ehe in Irland vorsah.

7 Lösungsansätze zur Bewältigung der Krise der repräsentativen Demokratie

Nachdem in dieser Arbeit festgestellt wurde, dass sich die repräsentative Demokratie in einer Krise befindet, sollen in diesem Abschnitt Lösungsansätze aufgezeigt werden. Im Folgenden werden zwei verschiedene Ansätze vorgestellt: Der eine Lösungsansatz stammt von dem Verein Mehr Demokratie e. V. und zeigt auf, wie direktdemokratische Instrumente, die der Schweiz ähneln, in die Bundesrepublik integriert werden könnten. Der zwei-

---

[358] Vgl. Arnold, T. (2014).
[359] Vgl. Arnold, T. (2014).
[360] Vgl. Arnold, T. (2014).
[361] Vgl. Van Reybrouck, D. (2019). S. 134.
[362] Vgl. Van Reybrouck, D. (2019). S. 134.

te Lösungsansatz beschäftigt sich mit der Einführung einer ausgelosten Bürgerversammlung, die der Bürgerversammlung in Irland ähnelt.

7.1 Einführung direktdemokratischer Verfahren auf Bundesebene in der Bundesrepublik Deutschland

Um die Probleme der repräsentativen Demokratie in Deutschland zu lösen, könnten Volksabstimmungen auf Bundesebene eingeführt werden. Der Verein Mehr Demokratie e. V. zeigt den möglichen Ablauf eines von der Bürgerschaft initiierten Volksentscheides auf Bundesebene auf: Zuerst erarbeiten Bürgerinnen und Bürger einen Gesetzesentwurf oder einen politischen Vorschlag. Jedoch darf sich der Entwurf oder der Vorschlag nur mit einem Thema beschäftigen, das auch in die Kompetenz des Bundestages fällt.[363] Dieser Entwurf muss von 100.000 Personen unterschrieben werden, wobei es keine zeitliche Frist für die Sammlung der Unterschriften geben soll.[364] Wenn der Vorschlag die geforderte Anzahl an Unterschriften erreicht, wird dieser dem Bundestag vorgelegt. Der Vorschlag muss dann innerhalb von sechs Monaten innerhalb des Bundestages behandelt werden.[365]

Die Initiatoren haben dabei ein Anhörungsrecht im Bundestag. Dies bedeutet, dass sie ihr Anliegen im Bundestag erläutern und vortragen dürfen.[366] Sollte der Bundestag den Vorschlag ablehnen, kann ein Volksbegehren beantragt werden.[367] Dies muss jedoch innerhalb von achtzehn Monaten nach Ablehnung des Vorschlages durch den Bundestag geschehen.[368] Sollte die Verfassungsmäßigkeit des Vorschlages angezweifelt werden, kann die Bundesregierung oder ein Drittel des Bundestages das Verfassungsgericht anru-

---

[363] Vgl. Mehr Demokratie e. V. (2013). S. 4.
[364] Vgl. Mehr Demokratie e. V. (2013). S. 4.
[365] Vgl. Mehr Demokratie e. V. (2013). S. 4.
[366] Vgl. Huber, R./Kurz, B. (2001). Ein Vorschlag für die Bundesebene: Der Gesetzesentwurf von Mehr Demokratie e. V. zur Einführung einer bundesweiten Volksgesetzgebung. In Heußner, H. K./ Jung, O. (Hrsg.) (2001). Mehr direkte Demokratie wagen. Volksentscheid und Bürgerentscheid: Geschichte | Praxis | Vorschläge. 3. Auflage. München: Olzog Verlag GmbH. S. 459-473, zitiert S. 462. (künftig zitiert: Huber, R./Kurz, B. 2001)
[367] Vgl. Mehr Demokratie e. V. (2013). S. 4.
[368] Vgl. Mehr Demokratie e. V. (2013). S. 4.

fen.[369] Das beantragte Volksbegehren muss eine Millionen Unterschriften innerhalb von neun Monaten erhalten.[370] Sollte es sich um ein gesetzesänderndes Volksbegehren handeln, sind anderthalb Millionen Unterschriften zu sammeln.[371] Die Frist bleibt unverändert.[372] Sobald die notwendige Anzahl an Unterschriften erreicht ist, findet ein Volksentscheid statt.[373] Der Bundestag kann dabei einen Alternativvorschlag zur Abstimmung stellen.[374] Vor der Abstimmung erhält jeder Haushalt ein Abstimmungsheft.[375] In diesem Heft sollen alle Vorschläge, die zu Abstimmung stehen, gleichberechtigt vorgestellt werden.[376] Bei Gesetzesänderungen wird eine einfache Mehrheit und bei Änderungen des Grundgesetzes zusätzlich eine Mehrheit in den Bundesländern benötigt.[377]

Der Verein Mehr Demokratie e. V. hat jedoch noch weitere Beschränkungen vorgesehen.[378] So sollen Grund- und Minderheitenrechte nicht zur Abstimmung gestellt werden können und Initiativen, die diese Rechte berühren, schon zu einem frühen Zeitpunkt vom Verfassungsgericht überprüft und bei Bedarf gestoppt werden.[379] Um zu verhindern, dass Unternehmen oder Lobbygruppen hinter einer Initiative stehen, sollen Spenden zur Förderung der Transparenz offengelegt werden.[380]

Zusätzlich zu der Einführung der Volksgesetzgebung plädiert der Verein Mehr Demokratie e. V. in seinem Vorschlag auch für die Einführung von fakultativen und obligatorischen Referenden auf Bundesebene.[381] Vom Bundestag verabschiedete Gesetze sollen erst nach 100 Tagen in Kraft treten, sodass in dieser Zeit ein Volksbegehren gegen das Gesetz initiiert wer-

---

[369] Vgl. Mehr Demokratie e. V. (2013). S. 4.
[370] Vgl. Mehr Demokratie e. V. (2013). S. 4.
[371] Vgl. Mehr Demokratie e. V. (2013). S. 4.
[372] Vgl. Mehr Demokratie e. V. (2013). S. 4.
[373] Vgl. Mehr Demokratie e. V. (2013). S. 4.
[374] Vgl. Mehr Demokratie e. V. (2013). S. 4.
[375] Vgl. Mehr Demokratie e. V. (2013). S. 4.
[376] Vgl. Huber, R./Kurz, B. (2001). S. 470.
[377] Vgl. Mehr Demokratie e. V. (2013). S. 4.
[378] Vgl. Mehr Demokratie e. V. (2013). S. 4.
[379] Vgl. Mehr Demokratie e. V. (2013). S. 4.
[380] Vgl. Mehr Demokratie e. V. (2013). S. 4.
[381] Vgl. Mehr Demokratie e. V. (2013). S. 4.

den kann.[382] Dieses Begehren muss 500.000 Unterschriften erhalten.[383] Wenn die benötigte Anzahl an Unterschriften erreicht wurde, soll es zu einem Volksentscheid kommen, bei dem über die Einführung des Gesetzes entschieden wird.[384] Das Gesetz tritt in Kraft, wenn es bei dem Volksentscheid die Mehrheit der Stimmen erhält.[385] Der Vorschlag des Vereins Mehr Demokratie e. V. sieht vor, dass in den Fällen, in denen der Bundestag das Grundgesetz ändert oder Kompetenzen an die EU abgibt, ein obligatorisches Referendum stattfinden soll.[386] Auch beim obligatorischen Referendum soll die einfache Mehrheit ausschlaggebend sein.[387]

Jedoch besteht die Frage, ob direktdemokratische Instrumente, wie der Vorschlag des Vereins Mehr Demokratie e. V., die vorhandenen Defizite der repräsentativen Demokratie in Deutschland bekämpfen oder gar lösen können. Hier soll nun ermittelt werden, welche demokratisierende Wirkung die Stärkung direktdemokratischer Instrumente haben könnte.

Ein Problem der Bundesrepublik ist die fehlende Repräsentativität der Schichten, die zum prekären Milieu gehören. Die Wahlbeteiligung ist in Stadtvierteln, die vermehrt von Haushalten, die dem prekären Milieu angehören, bewohnt werden, signifikant schlechter, als in Stadtvierteln, in denen mehr Haushalte z. B. dem liberal-intellektuellen Milieu angehören. Höhere Bevölkerungsschichten werden von den Parteien und der Politik auch besser repräsentiert. Sollten direktdemokratische Instrumente in der Lage sein, die Partizipation der sozial schwachen Bürgerinnen und Bürger zu erhöhen, so würde dies für die Einführung direktdemokratischer Instrumente sprechen.

Jedoch zeigen die Ergebnisse von Abstimmungen auf Kommunalebene oder in anderen Ländern, dass diese Abstimmungsformen nicht zu einem Partizipationsanstieg der genannten Bevölkerungsschichten führen.[388] Bestätigt

---

[382] Vgl. Mehr Demokratie e. V. (2013). S. 4.
[383] Vgl. Mehr Demokratie e. V. (2013). S. 4.
[384] Vgl. Mehr Demokratie e. V. (2013). S. 4.
[385] Vgl. Mehr Demokratie e. V. (2013). S. 4.
[386] Vgl. Mehr Demokratie e. V. (2013). S. 4.
[387] Vgl. Mehr Demokratie e. V. (2013). S. 4.
[388] Vgl. Merkel, W./Ritzi, C. (2017). Direkte Demokratie oder Repräsentation? Zum Reformbedarf liberal-repräsentativer Demokratie im 21. Jahrhundert. In Merkel, W./Ritzi, C.

wird dies durch die Ergebnisse der Volksabstimmung zur Schulreform in Hamburg.[389] So werden „sozioökonomisch gut gestellte Bürger mit hohem politischen Interesse"[390] besser durch Informationskampagnen im Vorfeld von Volksabstimmungen erreicht und beteiligen sich an diesen Abstimmungen auch häufiger.[391] Folglich ist davon auszugehen, dass dieses Problem nicht durch die Einführung direktdemokratischer Elemente auf Bundeseben gelöst werden würde.

Jedoch könnte das zweite Problem gelöst werden. Es stellt sich die Frage, ob Volksgesetzgebungsmaßnahmen das Vertrauen der Bürgerinnen und Bürger in die Parteien, Politikerinnen und Politiker wiederherstellen würden. Umfragen haben gezeigt, dass das Vertrauen der Bevölkerung in die Parteien sehr niedrig ist, was sich vor allem auf deren Mitgliedszahlen auswirkt. Nach *Wolfgang Merkel* und *Claudia Ritzi* wird das „Zugehörigkeitsgefühl der Bürger zur politischen Gemeinschaft und damit die Akzeptanz gegenüber den demokratischen Institutionen im Allgemeinen"[392] in Ländern in denen Volksabstimmungen verbreitet sind, wie in der Schweiz, gestärkt. *Wolfgang Merkel* und *Claudia Ritzi* schließen daraus, dass Volksabstimmungen der Politikverdrossenheit entgegenwirken.[393] Jedoch stellt sich die Frage, ob sich das System der Schweiz auf die Bundesrepublik übertragen lasse und dieselben Effekte haben würde.

Eike Christian Hornig ist der Meinung, dass beide Länder zwar viele Gemeinsamkeiten auf der politischen Ebene haben, wie den Föderalismus, die Gewaltenteilung und ein Mehrparteiensystem, aber die direkte Demokratie in der Schweiz anders als in der Bundesrepublik schon seit langer Zeit im

---

(Hrsg.) (2017). Die Legitimität direkter Demokratien, Wie demokratisch sind Volksabstimmungen? Wiesbaden: Springer VS. S. 227-251, zitiert S. 230. (künftig zitiert: Merkel, W./Ritzi, C. 2017).
[389] Vgl. Merkel, W./Ritzi, C. (2017). S. 230.
[390] Merkel, W./Ritzi, C. (2017). S. 230.
[391] Vgl. Merkel, W./Ritzi, C. (2017). S. 230.
[392] Merkel, W./Ritzi, C. (2017). S. 232.
[393] Vgl. Merkel, W./Ritzi, C. (2017). S. 232.

Schweizer System verankert ist.[394] In der Anfangsphase haben die direkt-demokratischen Verfahren in der Schweiz für politischen Stillstand gesorgt.[395] Die Instrumente haben sich jedoch über die Jahrzehnte gewandelt und wurden angepasst, bis sie sich in das übrige politische System einfügten.[396]

Eine lange Zeit profitierten vor allem Minderheiten von den Regelungen der Schweiz, da nur eine relativ geringe Anzahl an Unterstützerinnen und Unterstützern benötigt wurde, um ein unliebsames Gesetz zu blockieren.[397] Die Schweiz löste dieses Problem, indem sie sich von „einer Mehrheitsdemokratie zu einer Verhandlungsdemokratie" wandelte.[398]

Da große Parteien in der Opposition die Arbeit der Regierung nahezu durchgehend blockieren können, werden die große Parteien immer an der Regierung beteiligt.[399] Die sieben Regierungsposten werden dabei zwischen den größten Parteien aufgeteilt.[400] Daraus resultiert eine übergroße „Koalition mit einer Überrepräsentation von Minderheiten."[401] Diese Vorgänge sind nicht durch Gesetze geregelt, sondern werden von den politischen Akteuren freiwillig durchgeführt, um „das System als Ganzes am Laufen zu halten."[402]

Das politische System der Schweiz musste sich über mehrere Jahrzehnte an die direkte Demokratie anpassen und sich politisch vollkommen umorientieren, um die Probleme zu überwinden.[403] Eine einfache Übernahme der Schweizer Volksrechte auf die Bunderepublik würde deshalb vermutlich eher eine blockierende als eine demokratisierende Wirkung haben.

---

[394] Vgl. Hornig, E. C. (2017). Mythos direkte Demokratie, Praxis und Potentiale in Zeiten des Populismus. Opladen, Berlin & Toronto: Barbara Budrich Verlag. S. 104f. (künftig zitiert: Hornig, E. C. 2017).
[395] Vgl. Hornig, E. C. (2017). S. 105f.
[396] Vgl. Hornig, E. C. (2017). S. 105.
[397] Vgl. Hornig, E. C. (2017). S. 105f.
[398] Vgl. Hornig, E. C. (2017). S. 107.
[399] Vgl. Hornig, E. C. (2017). S. 107.
[400] Vgl. Hornig, E. C. (2017). S. 107.
[401] Hornig, E. C. (2017). S. 107.
[402] Hornig, E. C. (2017). S. 107.
[403] Vgl. Hornig, E. C. (2017). S. 108.

Der Vorschlag des Vereins Mehr Demokratie e. V. sieht Unterschriftenquoren vor, die so zugeschnitten sind, dass auch ein kleiner Teil der Bevölkerung seine Interessen dem Bundestag per Volksinitiative vortragen kann. Dies könnte von kleinen oppositionellen Gruppen jedoch missbraucht werden, um die politischen Prozesse zu blockieren. Folglich ist eine Einführung direktdemokratischer Instrumente auf Bundesebene, die sich am System der Schweiz orientieren, eher nicht zu befürworten. Die Vertrauensverluste der Bürgerinnen und Bürger in die politischen Institutionen könnten durch die Einführung eines solchen Systems vermutlich nicht überwunden werden.

Es zeigt sich, dass die bloße Einführung direktdemokratischer Elemente auf Bundesebene nicht alle Defizite der repräsentativen Demokratie in Deutschland lösen kann.

7.2 Einführung einer ausgelosten gesetzgebenden Versammlung

In diesem Abschnitt wird das „Multi-body-sortition"-Modell von *Terril Bouricius* vorgestellt. Dieses Modell wurde ausgewählt, da es je nach Anforderungsbereich angepasst werden kann. Aufgrund dieser Flexibilität könnte z. B. der Deutsche Bundestag in das Modell integriert werden. Ein weiterer Grund für die Auswahl ist, dass es sich hierbei um ein „selbstlernendes System"[404] handelt. Das Modell kann durchgehend verbessert werden und erhält dadurch einen „evolutiven Charakter."[405]

Terril Bouricius arbeitete 20 Jahre als Politiker im US-Staat Vermont.[406] Er beschäftigte sich mit dem Gedanken die Demokratie zu verbessern und entwarf das „Multi-body-sortition"-Modell, welches im wissenschaftlichen Fachblatt *Journal of Public Deliberation* 2013 veröffentlicht wurde.[407] *Bouricius´* Modell sieht sechs verschiedene Organe vor, um gegensätzliche Inte-

---

[404] Van Reybrouck, D. (2019). S. 152.
[405] Van Reybrouck, D. (2019). S. 152.
[406] Vgl. Van Reybrouck, D. (2019). S. 144.
[407] Vgl. Van Reybrouck, D. (2019). S. 144ff.

ressen auszugleichen.[408] Sein Modell möchte die Vorteile großer Gruppen, wie z. B. bessere Repräsentativität, mit den Vorteilen kleiner Gruppen, wie z. B. besserer Effizienz, vereinen.[409]

Das erste Organ ist das sog. Agenda Council.[410] Das Agenda Council bestimmt die Agenda und besteht aus 150 bis 400 Personen, die sich bewerben können und ausgelost werden.[411] Vom Agenda Council werden grobe Themen vorgegeben, jedoch nicht tiefer bearbeitet.[412] Bürgerinnen und Bürger, die nicht Teil des Agenda Councils sind, können ein Thema per Petition vorschlagen. Dafür muss die Petition von einer bestimmten Anzahl an Personen unterschrieben werden, bevor es dem Agenda Council bearbeitet wird.[413]

Nachdem das Agenda Council die Themen ausgewählt hat, werden die Interest Panels aktiv.[414] Es gibt keine maximale Anzahl an Interest Panels, jedoch sollten es nicht mehr als hundert sein.[415] Interest Panels bestehen aus zwölf Personen, die sich freiwillig beworben haben, und können einen Gesetzesvorschlag für ein vom Agenda Council vorbereitetes Thema einreichen.[416] Dabei kann ein Interest Panel aus zwölf einander fremden Personen bestehen oder auch eine organisierte Gruppe mit dem gleichen Interesse, also auch eine Lobbygruppe, sein.[417] Die Arbeit mit Interest Panels soll die Effizienz fördern, da dort „Menschen mit einschlägigen Erfahrungen ihre Expertise in konkreten Politikvorschlägen bündeln können."[418] Wenn es um Stadtentwicklung geht, könnten z. B. Nachbarschaftsvereine, Fahrradvereine, Gewerkschaften für Busfahrer oder Mobilitätsexperten ein Interest Panel gründen, um einen Gesetzesvorschlag oder einen Teil eines Gesetzesvorschlages einzureichen.

---

[408] Vgl. Van Reybrouck, D. (2019). S. 148.
[409] Vgl. Van Reybrouck, D. (2019). S. 148.
[410] Vgl. Van Reybrouck, D. (2019). S. 149.
[411] Vgl. Van Reybrouck, D. (2019). S. 146-149.
[412] Vgl. Van Reybrouck, D. (2019). S. 149.
[413] Vgl. Van Reybrouck, D. (2019). S. 14
[414] Vgl. Van Reybrouck, D. (2019). S. 149.
[415] Vgl. Van Reybrouck, D. (2019). S. 149.
[416] Vgl. Van Reybrouck, D. (2019). S. 149.
[417] Vgl. Van Reybrouck, D. (2019). S. 149.
[418] Van Reybrouck, D. (2019). S. 149.

Die gesammelten Gesetzesvorschläge der Interest Panels werden in der dritten Phase dem Review Panel vorgelegt.[419] Das Review Panel sollte nach *Bouricius'* Vorschlag aus insgesamt 150 Personen bestehen.[420] Diese 150 Personen werden in kleinere Review Panels aufgeteilt, wobei es für jeden Politikbereich ein Review Panel gibt.[421] Die Bewerber können sich nicht für einen bestimmten Themenbereich bewerben, sondern werden einem zugelost.[422] Die Besetzung des Review Panels wird aus Bürgerinnen und Bürgern ausgelost, die sich für dieses beworben haben.[423] Die Mitglieder des Review Panels behalten ihr Mandat für drei Jahre, arbeiten in Vollzeit und werden dafür angemessen vergütet.[424] Dabei sollen jedes Jahr 50 Mitglieder ersetzt werden, sodass keine kollektive sondern eine gestaffelte Rotation stattfindet.[425]

Die Review Panels können weder ein Gesetz initiieren, noch über ein Gesetz abstimmen.[426] Die Review Panels befassen sich mit den Vorschlägen der Interest Panels, nehmen an Anhörungen teil und sprechen mit Expertinnen und Experten, um einen Gesetzestext zu dem vorgegebenen Thema zu verfassen.[427]

Das vierte Organ, die Policy Jury, sorgt dafür, dass die Macht des Review Panels beschränkt bleibt.[428] Die Policy Jury hat keine festen Mitglieder, sondern besteht aus vierhundert stimmberechtigten Bürgerinnen und Bürgern.[429] Für die Policy Jury kann man sich nicht bewerben.[430] Die Mitglieder werden aus der gesamten stimmberechtigten Bevölkerung ausgelost und werden verpflichtet, an der Zusammenkunft der Policy Jury teilzuneh-

---

[419] Vgl. Van Reybrouck, D. (2019). S. 150.
[420] Vgl. Van Reybrouck, D. (2019). S. 150.
[421] Vgl. Van Reybrouck, D. (2019). S. 150.
[422] Vgl. Van Reybrouck, D. (2019). S. 150.
[423] Vgl. Van Reybrouck, D. (2019). S. 150.
[424] Vgl. Van Reybrouck, D. (2019). S. 150.
[425] Vgl. Van Reybrouck, D. (2019). S. 150.
[426] Vgl. Van Reybrouck, D. (2019). S. 150.
[427] Vgl. Van Reybrouck, D. (2019). S. 150.
[428] Vgl. Van Reybrouck, D. (2019). S. 150.
[429] Vgl. Van Reybrouck, D. (2019). S. 150.
[430] Vgl. Van Reybrouck, D. (2019). S. 151.

men.[431] Die Pflicht zur Teilnahme dient der Repräsentativität der Policy Jury und kann nur aus triftigem Grund aufgehoben werden.[432] Die Mitglieder sollen dafür Reisekostenerstattungen und eine angemessene Vergütung erhalten.[433] Die Policy Jury soll an einem Tag oder in Ausnahmefällen über mehrere Tage zusammenkommen, um sich die Gesetzesvorschläge des Review Panels anzuhören.[434] Außerdem sollen dem Policy Panel die Pro- und Contra-Argumente eines Gesetzesvorschlages sachlich vorgetragen werden.[435]

Die Gesetzesvorschläge und die Argumente sollen nach *Terril Bouricius* von neutralen Mitarbeiterinnen und Mitarbeitern präsentiert werden, sodass charismatische Rednerinnen und Redner die Mitglieder des Policy Panels nicht beeinflussen können.[436] Danach stimmen die Mitglieder in geheimer Wahl über den Vorschlag ab.[437] Auf eine Diskussion zwischen den Teilnehmerinnen und Teilnehmern wird gewollt verzichtet, sodass jede Teilnehmerin und jeder Teilnehmer „nach bestem Wissen und Gewissen für das, was seiner Meinung nach dem Gemeinwohl langfristig am besten dient"[438], abstimmt. *Bouricius* denkt, dass die Abstimmungsergebnisse Gesetzeskraft erhalten sollten, da das Policy Panel die Gesellschaft sehr gut abbilden würde.[439]

Damit das Modell auch planmäßig funktionieren kann, schlägt *Terril Bouricius* noch ein Rules Council und ein Oversight Council vor.[440] Diese sollen „metapolitische Funktionen"[441] erfüllen. Die Mitgliederinnen und Mitglieder des Oversight und des Rules Councils werden aus Bewerberinnen und Bewerbern ausgelost.[442] Die Personen arbeiten in Vollzeit, beziehen ein

---

[431] Vgl. Van Reybrouck, D. (2019). S. 151.
[432] Vgl. Van Reybrouck, D. (2019). S. 151.
[433] Vgl. Van Reybrouck, D. (2019). S. 151.
[434] Vgl. Van Reybrouck, D. (2019). S. 150f.
[435] Vgl. Van Reybrouck, D. (2019). S. 151.
[436] Vgl. Van Reybrouck, D. (2019). S. 151.
[437] Vgl. Van Reybrouck, D. (2019). S. 151.
[438] Van Reybrouck, D. (2019). S. 151.
[439] Vgl. Van Reybrouck, D. (2019). S. 151.
[440] Vgl. Van Reybrouck, D. (2019). S. 151.
[441] Van Reybrouck, D. (2019). S. 151.
[442] Vgl. Van Reybrouck, D. (2019). S. 147-151.

Gehalt und werden für drei Jahre eingestellt.[443] An die Regelung des Review Panels angelehnt soll nicht kollektiv sondern gestaffelt rotiert werden.[444] Die Verfahren für die Auslosungen, Abstimmungen und Anhörungen sollen vom Rules Council durchgeführt werden.[445] Das Oversight Council ist als Kontrollorgan zu verstehen. Es beaufsichtigt die Einhaltung der Regeln, die korrekte Durchführung der Verfahren und setzt sich mit Beschwerden auseinander.[446]

Jedoch stellt sich die Frage, ob dieser Vorschlag die Probleme der repräsentativen Demokratie in Deutschland lösen könnte. Das Modell zielt darauf ab die Bevölkerung in die politischen Prozesse miteinzubeziehen. Bürgerinnen und Bürger können sich an allen Bereichen des Modells beteiligen. Die Zusammensetzung der verschiedenen Councils geschieht dabei immer durch das Losverfahren, wodurch in den Councils ein Querschnitt der Gesellschaft entstehen soll. Auf diese Weise haben alle gesellschaftlichen Schichten dieselben Chancen. Die Besetzung der Councils rotiert dabei regelmäßig, damit möglichst viele Bürgerinnen und Bürger die Möglichkeit bekommen, sich zu beteiligen. Besonders die Interest Panels sind offen und niedrigschwellig gestaltet. So kann jede Gruppe ihre Interessen vertreten, indem sie einen Vorschlag verfasst und diesen an das Review Panel weitergibt. Durch die kaum vorhandenen Beteiligungshürden kann ein möglichst breiter Teil der Bevölkerung an den Verfahren des Modells teilnehmen.

Ähnlich, wie bei den Volksabstimmungen, soll die Teilnahme der Bürgerinnen und Bürger an den politischen Verfahren dafür sorgen, dass diese das Vertrauen in die politischen Prozesse und Institutionen zurückgewinnen. Dadurch, dass die Policy Jury nicht aus Bewerberinnen und Bewerbern zusammengesetzt, sondern aus der kompletten Stimmbevölkerung ausgelost wird, werden alle sozialen Schichten an dem Entscheidungsprozess beteiligt. Die Policy Jury erhält aufgrund ihrer Repräsentativität die Entschei-

---

[443] Vgl. Van Reybrouck, D. (2019). S. 147.
[444] Vgl. Van Reybrouck, D. (2019). S. 147.
[445] Vgl. Van Reybrouck, D. (2019). S. 151.
[446] Vgl. Van Reybrouck, D. (2019). S. 151.

dungsgewalt. Das Problem der Repräsentativität von Wahlen wird durch *Terril Bouricius* Modell auf diese Weise gelöst.

Jedoch stellt sich die Frage, ob das Modell von *Terril Bouricius* in das bestehende System der Bundesrepublik integriert werden könnte. Der Bundestag könnte eine Bürgerversammlung, die auf diesem Modell basiert, gründen und die Rolle des Agenda Councils einnehmen. Folglich würde der Bundestag die Themen, die von der Versammlung bearbeitet werden sollen, festlegen. Dadurch könnte der Bundestag kontroverse Themen in die Hände der Bevölkerung geben, um die Legitimität der Entscheidungen zu erhöhen. Zusätzlich könnte das Ergebnis der Policy Jury vorerst nicht als feststehende Entscheidung, sondern als Empfehlung an den Bundestag verstanden werden. Somit würde die Entscheidungsgewalt vorerst beim Bundestag verbleiben. Auf diese Weise könnten Erfahrungen mit dem „Multi-body-sortition"-Modell gesammelt werden. Das Modell könnte dann anhand dieser Erfahrungen bei Bedarf verändert werden.

8 Bewertung

Die repräsentative Demokratie setzte sich in den meisten Staaten gegen die direkte Demokratie durch. Jedoch wurden die Ideen der direkten Demokratie seit der attischen Demokratie durch Personen, wie Jean-Jaques Rousseau und Benjamin Barber, weiterentwickelt. Durch diese Entwicklung wurde die direkte Demokratie modernisiert, sodass diese den heutigen demokratischen Ansprüchen entspricht.

In der Bundesrepublik existieren nur wenige direktdemokratische Elemente. Als Grund dafür werden meist die negativen Erfahrungen, die in der Weimarer Republik mit diesen Instrumenten gemacht wurden, genannt. Es heißt, dass direktdemokratische Instrumente, wie Volksbegehren und -entscheide, das politische Klima der Weimarer Republik negativ beeinflusst haben und für das Scheitern der Weimarer Republik mitverantwortlich sind. Jedoch lässt sich dies widerlegen. In der Weimarer Republik spielten direktdemokratische Instrumente nur eine nebensächliche Rolle und sie kamen kaum zum Einsatz. Die Bevölkerung hat sich an den Wahlen sehr viel stärker beteiligt, als an den Volksabstimmungen und -entscheiden. Auch das Argument, das die direktdemokratischen Instrumente zur Polarisierung der Debatte missbraucht wurden, ist falsch. Nur das Volksbegehren um den „Young-Plan" wurde von den politisch Rechten instrumentalisiert, um gegen die Regierung und die Demokratie vorzugehen. Jedoch beteiligten sich auch an diesem Volksbegehren nur sehr wenige Wählerinnen und Wähler.

Des Weiteren wird gerne auf den Missbrauch von Volksabstimmungen durch die Nationalsozialisten verwiesen, wenn über die Einführung direktdemokratischer Elemente in der Bundesrepublik gesprochen wird. Jedoch können die Volksabstimmungen der Nationalsozialisten nicht mit den Volksabstimmungen im Sinne direkter Demokratie verglichen werden. Die NSDAP terrorisierte die Opposition, formulierte suggestive Abstimmungsfragen, hob die Schutzrechte auf und fälschte Ergebnisse. Aus diesen Gründen sind die Abstimmungen der Nationalsozialisten nicht mit den modernen Bestrebungen direkter Demokratie zu vergleichen. Die Forderung nach mehr direkter Demokratie in der Bundesrepublik Deutschland abzulehnen, da die Volksabstimmungen durch die Nationalsozialisten missbraucht wurden, ist deshalb falsch.

Weiter wurde festgestellt, dass in der Bundesrepublik Deutschland derzeitig nur wenige direktdemokratische Elemente existieren. Am ausgeprägtesten sind diese Elemente auf der Kommunalebene. So können auf Kommunalebene Bürgerbegehren und -entscheide initiiert werden. Auch auf Landesebene kann die Bevölkerung politische Prozesse beeinflussen. Jedoch wird die Wirksamkeit der Volksbegehren und -entscheide durch einige Hürden eingeschränkt. So sind Volksbegehren, die die Themen Haushalt, Abgaben und Besoldung betreffen, nicht zugelassen. Des Weiteren müssen meist hohe Unterschriftenquoren innerhalb einer befristeten Zeit erfüllt werden. Trotz dieser Hürden wuchs die Anzahl der durchgeführten Volksbegehren in den letzten Jahrzehnten an. Grund dafür sind vor allem die Herabsetzung der Quoren und das wachsende Interesse der Bevölkerung.

Auf der Bundesebene existieren kaum direktdemokratische Elemente. Als Ausnahmen gelten die Art. 29 und 146 GG, auf welche jedoch selten zurückgegriffen wurde. Verfassungsänderungen zugunsten von mehr direkter Demokratie scheiterten stets an der CDU/CSU-Fraktion. Es müsste eine Zwei-Drittel-Mehrheit erreicht werden, um eine Verfassungsänderung zugunsten der Einführung von direktdemokratischen Elementen auf Bundesebene durchzusetzen.

Des Weiteren konnte festgestellt werden, dass sich die repräsentative Demokratie in der Bundesrepublik Deutschland in einer Krise befindet. Mehrere Gründe sprechen für die Existenz dieser Krise. Es zeigt sich, dass eine Mehrheit in der Bevölkerung mit der tatsächlichen Demokratie in Deutschland nicht zufrieden sei und sich mehr Partizipationsmöglichkeiten wünsche. Zudem besteht ein erhebliches Vertrauensdefizit zwischen der Bevölkerung und den Parteien sowie den Politikerinnen und Politikern. Des Weiteren weisen auch die Mitgliedszahlen der Parteien des Bundestages darauf hin, dass sich die repräsentativen Institutionen in einer Krise befinden. Alle Parteien verloren in den letzten 30 Jahren Mitglieder. Eine Ausnahme stellen die Grünen dar.

Zugleich ließ sich ein starker Einfluss, den Bildung, der soziale Status und die durchschnittliche Kaufkraft eines Haushaltes auf die Wahlbeteiligung haben, feststellen. Anhand einer Studie der Bertelsmann-Stiftung konnte ermittelt werden, dass die Wahlbeteiligung in einem Stadtviertel, in dem vermehrt Haushalte des prekären Milieus leben, weit unter der Wahlbeteiligung eines Stadtviertels, in dem überwiegend Haushalte des liberal-intellektuellen Milieus leben, liegt. Zusätzlich dazu kongruierten die Einstellungen von Politikerinnen und Politikern stärker mit den Interessen von Bürgerinnen und Bürgern mit hohem Bildungsstand als mit den Interessen von Bürgerinnen und Bürgern mit niedrigem Bildungsstand. Es wurde deutlich, dass sozial schwächere Schichten von den Parteien schlechter repräsentiert werden. Folglich ist festzustellen, dass die repräsentativen Institutionen ihrer Aufgabe, der Repräsentation der gesamten Bevölkerung im politischen Diskurs, nicht gerecht werden. Aus den genannten Gründen kann man davon sprechen, dass sich die repräsentative Demokratie in Deutschland in der Krise befindet.

Um diese Krise zu überwinden wurden zwei Lösungsansätze vorgestellt. Der erste Lösungsansatz beschäftigte sich mit der Einführung von direktdemokratischen Instrumenten, wie sie in der Schweiz genutzt werden, und wurde von dem Verein Mehr Demokratie e. V. erstellt. Die Einführung von mehr direkter Demokratie auf Bundesebene soll dafür sorgen, dass die Bevölkerung das Vertrauen in die politischen Institutionen zurückgewinnt, indem sie in die politischen Prozesse miteinbezogen wird. Jedoch zeigte sich am Beispiel der Schweiz, dass die Einführung von direktdemokratischen Elementen auch eine blockierende Wirkung haben kann. Um dies zu vermeiden, müssten die Quoren, die für ein erfolgreiches Volksbegehren benötigt werden, so hoch angesetzt werden, dass diese nicht von einer Minderheit zur politischen Blockade missbraucht werden könnten. Wenn die Volksbegehren jedoch nur noch von der Mehrheit genutzt werden können, kann dies dazu führen, dass die Legitimationsfunktion der Instrumente nicht mehr erfüllt wird. Deshalb muss ein Mittelweg gefunden werden. Die Unterstützungs- und Beteiligungsquoren müssen hoch genug sein, sodass die Instrumente von der Opposition nicht als Blockademittel missbraucht werden können, und sie müssen niedrig genug sein, sodass die Legimitationsfunktion der Instrumente erfüllt wird.

Des Weiteren zeigen Ergebnisse von Abstimmungen auf Kommunalebene oder in anderen Ländern, dass direktdemokratische Abstimmungsformen nicht zu einer stärkeren Beteiligung von sozial schwachen Schichten an politischen Prozessen führen. Bürgerinnen und Bürger, die sich der Mittel- oder Oberschicht zuordnen lassen, werden durch Informationskampagnen, die im Vorfeld von Abstimmungen stattfinden, besser erreicht. Es ist deshalb davon auszugehen, dass die Interessen der sozial schwachen Schichten durch Volksabstimmungen nicht besser repräsentiert werden würden.

Da eine Zwei-Drittel-Mehrheit benötigt wird, um die Änderungen des Vorschlags des Vereins Mehr Demokratie e. V. durchzuführen, ist die Umsetzung des Vorschlags eher unwahrscheinlich.

Der zweite Lösungsansatz beschäftigte sich mit der Einführung einer gesetzgebenden ausgelosten Bürgerversammlung. Der Vorschlag wurde von *Terril Bouricius* erstellt. Die Einführung einer solchen Bürgerversammlung soll das Vertrauen der Bevölkerung in die politischen Prozesse erhöhen, indem diese stärker in die Prozesse miteinbezogen werden. Dadurch, dass alle Organe der Versammlung aus ausgelosten Bürgerinnen und Bürgern bestehen, ist die Versammlung repräsentativ, da die Auswahl unabhängig von Bildungsgrad, sozialer Schicht oder anderen Merkmalen erfolgt. Des Weiteren handelt es sich hierbei um ein selbstlernendes Konzept, das anhand von Erfahrungen mit der Zeit angepasst werden kann.

Ein weiterer Vorteil des Modells ist, dass es ohne eine Verfassungsänderung in das bestehende politische System der Bundesrepublik integriert werden könnte. Der Bundestag könnte der Bürgerversammlung die Themen vorgeben. Außerdem könnte die Entscheidung der Versammlung nur als Empfehlung gewertet werden, sodass die endgültige Entscheidungsgewalt beim Bundestag bestehen bleiben würde.

In der Einleitung wurde die Frage gestellt, ob sich die repräsentative Demokratie in einer Krise befinde und ob diese durch die Einführung von direktdemokratischen Instrumenten gelöst werden könnte. Die Krise der repräsentativen Demokratie ist vor allem in der fehlenden Repräsentation mancher Schichten im politischen Diskurs und dem fehlenden Vertrauen der Bevölkerung in die repräsentativen Institutionen begründet. Direkte Demokratie kann nicht jedes dieser Probleme lösen. Auch an den Abstimmungen der direkten Demokratie beteiligen sich manche Bevölkerungsschichten stärker als andere Schichten. Die Einführung einer Bürgerversammlung könnte dies beheben, indem die Mitglieder der Organe ausgelost werden. Dadurch würde in den Organen ein Querschnitt der Gesellschaft entstehen. Die Organe und auch deren Entscheidungen würden dadurch Repräsentativität erlangen.

Das Repräsentationsproblem würde dadurch gelöst werden. Außerdem ist davon auszugehen, dass das Vertrauen der Bevölkerung in die Politik wieder zunimmt, wenn die Bevölkerung an den Entscheidungen dieser beteiligt wird. Die Einführung einer ausgelosten Bürgerversammlung kann deshalb als Lösungsansatz für die Krise der repräsentativen Demokratie betrachtet werden.

Literaturverzeichnis

Bernauer, T./Jahn, D./Kuhn, P./Walter, S. (2018). Einführung in die Politikwissenschaft, Studienkurs Politikwissenschaft. 4. Auflage. Baden-Baden: Nomos Verlagsgesellschaft.

Decker, F./Lewandowsky, M./Solar, M. (Hrsg.) (2013). Demokratie ohne Wähler? Neue Herausforderungen der politischen Partizipation. Bonn: Dietz.

Frevel, B./Voelzke, N. (2017). Demokratie. Entwicklung – Gestaltung – Herausforderungen. 3. Auflage. In Erhart, H. G./Frevel, B./Schubert, K./Schüttemeyer, S. S. (Hrsg.) (2017). Elemente der Politik. Wiesbaden: Springer VS.

Heyne, L. (2017). Direkte Demokratie auf Kommunal- und Länderebene in Deutschland: Die Beispiele Bayern und Hamburg. In Merkel, W./Ritzi, C. (Hrsg.) (2017). Die Legitimität direkter Demokratie. Wie demokratisch sind Volksabstimmungen? Wiesbaden: Springer VS. S. 177-192.

Hornig, E. C. (2017). Mythos direkte Demokratie, Praxis und Potentiale in Zeiten des Populismus. Opladen, Berlin & Toronto: Barbara Budrich Verlag.

Huber, R./Kurz, B. (2001). Ein Vorschlag für die Bundesebene: Der Gesetzesentwurf von Mehr Demokratie e. V. zur Einführung einer bundesweiten Volksgesetzgebung. In Heußner, H. K./ Jung, O. (Hrsg.) (2001). Mehr direkte Demokratie wagen. Volksentscheid und Bürgerentscheid: Geschichte | Praxis | Vorschläge. 3. Auflage. München: Olzog Verlag GmbH. S. 459-473.

Jung, O. (2001). Die Volksabstimmungen der Nationalsozialisten. In Heußner, H. K./ Jung, O. (Hrsg.) (2001). Mehr direkte Demokratie wagen. Volksentscheid und Bürgerentscheid: Geschichte | Praxis | Vorschläge. 3. Auflage. München: Olzog Verlag GmbH. S. 91-102.

Kost, A, (2013). Direkte Demokratie, Lehrbuch. In Erhart, H.-G./Frevel, B./Schubert, K./Schüttemeyer, S. (Hrsg.) (2013). Elemente der Politik. 2. Auflage. Wiesbaden: Springer VS.

Kronenberg, V./Horneber, J. (Hrsg.) (2019). Die repräsentative Demokratie in Anfechtung und Bewährung. Das „Wir" organisieren. Wiesbaden: Springer VS.

Mayer, C. (2017). Direkte Demokratie in der Schweiz. In Merkel, W./Ritzi, C. (Hrsg.) (2017). Die Legitimität direkter Demokratie. Wie demokratisch sind Volksabstimmungen? Wiesbaden: Springer VS. S. 51-72.

Merkel, W./Ritzi, C. (Hrsg.) (2017). Die Legitimität direkter Demokratie. Wie demokratisch sind Volksabstimmungen? Wiesbaden: Springer VS.

Meyer, T. (2009). Was ist Demokratie? Eine diskursive Einführung. 1. Auflage. Wiesbaden: VS Verlag für Sozialwissenschaften.

Schiffers, R. (2001). Schlechte Weimarer Erfahrungen. In Heußner, H. K./ Jung, O. (Hrsg.) (2001). Mehr direkte Demokratie wagen. Volksentscheid und Bürgerentscheid: Geschichte | Praxis | Vorschläge. 3. Auflage. München: Olzog Verlag GmbH. S. 69-90.

Schiller, T. (2012). Direkte Demokratie – die mühsame Öffnung zum Volksentscheid. In Braun, S./Geisler, A. (Hrsg.) (2012). Die verstimmte Demokratie. Moderne Volksherrschaft zwischen Aufbruch und Frustration. Wiesbaden: Springer VS. S. 199-208.

Van Reybrouck, D. (2019). Gegen Wahlen, Warum Abstimmen nicht demokratisch ist. 6. Auflage. Göttingen: Wallstein Verlag.

Wilp, M. (Hrsg.) (2012). Das politische System der Niederlande, Eine Einführung. Wiesbaden: Springer VS.

Verzeichnis elektronischer Datenquellen

Arnold, T. (2014). Inside the Convention on the Constitution. Dublin: The Irish Times. URL: https://www.irishtimes.com/news/politics/inside-the-convention-on-the-constitution-1.1744924 (aufgerufen am 30.05.2020).

Baring, A. (1983). Vom Gesellschaftsvertrag, Hamburg: Zeit Online, URL: https://www.zeit.de/1983/34/vom-gesellschaftsvertrag/komplettansicht (aufgerufen am 22.05.2020).

Bühlmann, M/Merkel, W./Müller, L/Giebler, H/Wessels, B. (2011). Democracybarometer: Methodology. Aarau: Zentrum für Demokratie. URL: http://www.democracybarometer.org/Images/Methodical_Explanatory_Note _JAN_2011.pdf (aufgerufen am 02.05.2020).

Bundeswahlleiter (2017). Ergebnisse der Volksparteien CDU/CSU und SPD bei den Bundestagswahlen von 1990 bis 2017 (Zweitstimmen). Hamburg: Statista GmbH. URL: https://de.statista.com/statistik/daten/studie/38130/umfrage/ergebnisse-der-volksparteien-bei-den-bundestagswahlen-seit-1990/ (aufgerufen am 30.04.2020).

Deutscher Bundestag (o. J.). Prinzip der Gewaltenteilung. Berlin: Deutscher Bundestag. URL: https://www.bundestag.de/parlament/aufgaben/rechtsgrundlagen/gewaltente ilung-246408 (aufgerufen am: 22.05.2020).

Deutschlandradio (2018). Erfolgsmodell Demokratie: Eine Staatsform in der Krise. Köln: Deutschlandradio. URL: https://www.deutschlandfunk.de/erfolgsmodell-demokratie-eine-staatsform-in-der-krise.1148.de.html?dram:article_id=436189 (aufgerufen am 09.06.2020).

European Commission (2019). Wie sehr vertrauen Sie den politischen Parteien? Hamburg: Statista GmbH. URL: https://de.statista.com/statistik/daten/studie/153820/umfrage/allgemeines-vertrauen-in-die-parteien/ (aufgerufen am 30.04.2020).

Große Hüttmann, M. (o. J.). Deliberation. Bundeszentrale für politische Bildung: Bonn. URL: https://www.bpb.de/nachschlagen/lexika/das-europalexikon/176777/deliberation (aufgerufen am 22.05.2020).

Mehr Demokratie e.V. (o. J.). Volksbegehren in den Ländern. Verfahrensregelungen. Berlin: Mehr Demokratie e. V., URL: https://www.mehr-demokratie.de/themen/volksbegehren-in-den-laendern/verfahrensregelungen/ (aufgerufen am 26.05.2020).

Mehr Demokratie e.V. (2013). Gesetzentwurf zur Einführung von Volksinitiative, Volksbegehren und Volksentscheid sowie fakultativen und obligatorischen Referenden aus Bundesebene. Berlin: Mehr Demokratie e. V., S. 4. URL: https://www.mehr-demokratie.de/fileadmin/pdf/MD-Gesetzentwurf_Volksentscheid.pdf (aufgerufen am 07.06.2020).

Mehr Demokratie e. V. (2018). Volksbegehrensbericht 2019. Berlin: Mehr Demokratie e. V., URL: https://www.mehr-demokratie.de/fileadmin/pdf/Volksbegehrensbericht_2019.pdf (aufgerufen am 27.05.2020).

Niedermayer, O. (2019). Parteimitglieder in Deutschland: Version 2019. Arbeitshefte aus dem Otto-Stammer-Zentrum, Nr. 30. Berlin: Freie Universität Berlin. URL: https://www.polsoz.fu-ber-lin.de/polwiss/forschung/systeme/empsoz/team/ehemalige/Publikationen/schriften/Arbeitshefte/Arbeitsheft-Nr-30_2019.pdf (aufgerufen am 20.05.2020).

Schäfer, A./Vehrkamp, R./ Gagné J. (Hrsg.) (2013). Prekäre Wahlen. Gütersloh: Bertelsmann Stiftung. S. 10. URL: https://www.bertelsmann-stif-tung.de/fileadmin/files/BSt/Publikationen/GrauePublikationen/GP_Prekaere_Wahlen.pdf (aufgerufen am 02.05.2020).

Tagesspiegel Online (2019). Krise der Demokratie: An den Grenzen des Systems. Berlin: Verlag Der Tagesspiegel GmbH. URL: https://www.tagesspiegel.de/politik/krise-der-demokratie-an-den-grenzen-des-systems/23813360.html (aufgerufen am 09.06.2020).

University of Zurich (Hrsg.) (o. J.). Konzept. Zürich. URL: http://www.democracybarometer.org/concept_de.html (aufgerufen am 02.05.2020).

Zeit Online (Hrsg.) (2019). Mehr als die Hälfte der Deutschen sieht die Demokratie in Gefahr. Hamburg: Zeit Online, URL: https://www.zeit.de/gesellschaft/zeitgeschehen/2019-09/umfrage-demokratie-gefahr-deutschland-angst-yougov (aufgerufen 29.04.2020).

© 2020
Herstellung und Verlag: BoD – Books on Demand, Norderstedt
ISBN: 978-3-7526-7161-2